AF450136

Domenico Bassi

Quintiliano

*L'arte e la scienza
della retorica*

Primiceri
editore
PADOVA

Finito di stampare nel mese di dicembre 2023
presso Rotomail Italia Spa – Vignate (MI)
per conto di Primiceri Editore Srls
Via Savonarola 217, 35137 Padova
Prima Edizione
ISBN 978-88-3300-341-2
www.primicerieditore.com

Premessa dell'editore alla nuova ristampa

La prima edizione di questo libro fu pubblicata nel 1926 dall'editore Formiggini di Roma. Oggi, nell'ambito dell'operazione di recupero di testi a carattere storico-filosofico e di significativo interesse culturale, che costituisce una delle missioni culturali della casa editrice Primiceri Editore di Padova, il presente volume rivede finalmente la luce inserendosi a buon diritto nella collana "Biblioteca Filosofica", in compagnia di molti altri autorevoli saggi che narrano i profili e le idee fondamentali di illustri protagonisti del passato, soprattutto di epoca greco-romana. Nelle pagine che seguono, il filologo Domenico Bassi, traccia un ritratto di Quintiliano, maestro di retorica e autore dell'imponente opera in dodici volumi *"Institutio Oratoria"*. Esso è considerato il primo e, al tempo stesso, il più importante manuale di pedagogia e oratoria mai scritto. L'*Institutio Oratoria* si delinea come un programma complessivo di formazione culturale e morale, scolastica ed intellettuale, che il futuro oratore deve seguire scrupolosamente, dall'infanzia fino al momento in cui avrà acquistato qualità e mezzi per affrontare un uditorio e ciò, in risposta alla corruzione contemporanea dell'eloquenza, che

Quintiliano vede in termini moralistici, e per la quale individua come rimedi il risanamento dei costumi e la rifondazione delle scuole. Ma, soprattutto, propugnò il criterio del ritorno all'antico, alle fonti della grande eloquenza romana, i cui onesti principi erano stati sanciti dall'oratoria di Catone e la cui perfezione era stata toccata da Cicerone. Le fonti dell'opera furono, quasi certamente, la "Retorica" d'Aristotele e proprio gli scritti retorici dell'Arpinate, anche se, a differenza di quest'ultimo, egli intende formare non tanto l'uomo di stato, guida del popolo, ma semplicemente e principalmente l'"uomo". Di conseguenza, mentre le analisi di Cicerone s'incentravano sull'ambito strettamente letterario e larvatamente "politico", Quintiliano affronta le varie questioni con un'ampiezza tale di orizzonti culturali e di motivazioni "pedagogiche" da proporsi decisamente come un *unicum* nella storia letteraria latina.

Ritrovare il bel profilo di Quintiliano, scritto da Domenico Bassi, sugli scaffali delle librerie è quindi un modo per riportare all'attenzione dei lettori l'importante opera del retore latino, i quali scritti contribuiscono ancora oggi alla metodologia scolastica e alla formazione degli studenti.

Alla memoria del mio ERNESTINO.

U N retore e maestro di retorica, cioè un cultore e insegnante di una scienza che per noi moderni non ha più importanza di sorta, anzi dei due vocaboli il secondo serve a designare sprezzantemente cosa affatto trascurabile, il primo è sinonimo addirittura di parolaio; per noi, ora, ma non per i Greci e i Romani. Nell'antichità classica, dalla fine a un dipresso del secolo V in poi, la retorica fu ad un tempo arte e scienza, l'una e l'altra fra le più pregiate e coltivate: arte come eloquenza o oratoria — arte del dire o del persuadere — scienza come tecnica o teoria appunto dell'eloquenza: retorica propriamente detta. Nessuna cultura di nessun genere credevano gli antichi che fosse possibile acquistare senza il sussidio della scienza retorica, disciplina per loro, così, veramente fondamentale. L'essere stato un sem-

plice retore e maestro di retorica non è dunque per Marco Fabio Quintiliano piccolo merito, chi pensi che egli, benchè non apparten-
ga alla schiera dei principali scrittori romani,
è pur autore del trattato dell'arte del dire
più insigne di tutta la letteratura imperiale
e che ha, a ogni modo, immortalato il suo nome: sono trascorsi diciannove secoli, e la
sua opera di retorica, la *Institutio oratoria*, è
tuttora letta nelle scuole e continua a far testo.

I.

La vita di Quintiliano è presto narrata,
soprattutto dopochè il Fierville ha sbarazzato
(1890) il campo dai dubbi che ancora lo in-
gombravano: il luogo e la data della nascita,
e il suo secondo matrimonio. È accertato che
il retore non passò a seconde nozze; e quindi
è perfettamente inutile spiegare come e perchè fu possibile prestar fede a una notizia
falsa. Dubbi sulla nazionalità di Quintiliano
aveva mosso per il primo l'umanista Lorenzo
Valla nel 1442 o 1443: la tradizione, seguita
da S. Girolamo, gli assegnava, senza esitazioni, origine spagnola; il Valla lo disse invece
nativo di Roma, notizia accolta in una bio-
grafia anonima pubblicata nell'edizione vene-
ta della *Institutio* del 1494. Per l'autorevolez-
za del nome mette conto di accennare all'o-
pinione del Gamurrini (1904), il quale, da un'i-

scrizione frammentaria da lui scoperta a Bol-
sena, l'antica *Volsinium*, donde «la famiglia dei Fabi Quintiliani... si appalesa origi-
naria di Volsinio», crede di poter dedurre
che appunto codesto municipio dell'Etruria
fu la patria di Quintiliano. La data della nascita, per la cui determinazione approssimativa possono servire vaghe indicazioni fornite
da alcuni luoghi della *Institutio*, era stata posta nel 42 d. C.; ora si ritiene quasi da tutti
che sia il 35 circa.

Quintiliano, nato a Calagurris (Calahorra:
una piazza della cittadina è intitolata al suo
nome) nella Spagna Tarragonese, fu condotto
giovanetto, forse ancora bambino, dal padre,
retore, a Roma, dove ebbe, fra altri, a maestri il grammatico Q. Remmio Palemone e il
retore e oratore, cioè avvocato, Domizio Afro,
due , celebrità. Compiuti gli studi, ritornò nel
59 o 60 in patria, e vi rimase fino al 68; nel
quale anno Galba, governatore della Spagna
Tarragonese e appunto allora creato imperatore, lo ricondusse seco a Roma. Quivi egli
si stabilì, e dal 69, pare, all'89, certo per ven-
ti anni, come sappiamo da lui stesso, tenne
cattedra di retorica o eloquenza, prima, non
sembra dubbio, privatamente, poco appresso
pubblicamente; e fu così il primo professore ufficiale pagato dall'erario pubblico: onore che
gli venne conferito da Vespasiano, col decoroso
stipendio annuo di centomila sesterzi. Era l'a-
giatezza; e, naturalmente, destò la facile e sem-

pre pronta invidia dei malevoli, della quale, manco a dirlo, si fece eco il più caustico poeta satirico romano, Giovenale, invidia che non conobbe più ritegno quando alcuni anni dopo Quintiliano, su proposta di Flavio Clemente, cugino e cognato dell'imperatore Domiziano, venne investito dell'autorità consolare: il più alto onore a cui allora potesse aspirare un cittadino, ma in realtà come magistratura repubblicana una semplice lustra e quindi senza importanza di sorta. Dei due figli, eredi presuntivi del trono, di Flavio Clemente e di Flavia Domitilla, sorella di Domiziano, questi aveva chiamato a maestro, intorno al 94, Quintiliano, che accettò. « Come mai Quintiliano », chiede il satirico (*Sat.* VII 188 sgg.), « possiede tanti poderi? Non teniamo conto di questo saggio dei favori del destino. Quando si è fortunati, si è belli e coraggiosi, sapienti, nobili, generosi... e anche grandi oratori e maneggiatori. Se la fortuna assiste, magari colti da raffreddore si canta bene lo stesso. Importa molto il genere di astri sotto cui si mandano i primi vagiti...; se la fortuna vuole, da retore si diviene console ». Questo accenno colpiva in pieno Quintiliano, al quale così, ingiustamente, perchè egli fu davvero un retore valentissimo, il più famoso del suo tempo, e un grande maestro, veniva negato ogni merito, attribuendosi al favore della fortuna i suoi successi e i suoi onori. Appunto allora un ex - senatore aveva dovuto acconciarsi, per disgrazie di famiglia, a insegnare retorica in Sicilia, e nella sua prolusione alle lezioni era uscito in queste parole: « ecco i tuoi giuochi, o fortuna! Tu fai senatori dei maestri e fai maestri dei senatori ». La notizia ci è data da Plinio il giovane (*Epist.* IV 11, 2), che fu discepolo di Quintiliano e poi uno dei due suoi più intimi amici; l'altro, Giulio Secondo, avvocato di grido.

Degli avvocati più in voga, quali Servilio Noniano, Giulio Africano, Galerio Tracalo, Vibio Crispo, Quintiliano assisteva assiduamente alle orazioni in tribunale, ed esercitò anch'egli l'avvocatura, è dubbio se prima di darsi all'insegnamento o durante questo; dopo, non pare. Certo è che sostenne tre cause, come apprendiamo da lui stesso: una in difesa di Nevio Arpiniano accusato di uxoricidio, l'altra per una questione di eredità, la terza, ci è ignoto perchè e in quale circostanza, per la regina Berenice, amante di Tito, che l'aveva condotta seco dalla Giudea a Roma. Come avvocato deve aver acquistato gran fama, se Marziale potè salutarlo (II 90, 2) « gloria della toga romana ».

Null'altro sappiamo di lui se non che aveva moglie e due figli, e perdette quella giovanissima, di questi uno ancora quasi bambino, l'altro di dieci anni appena. Di codesto cumulo di disgrazie irreparabili c'è un'eco dolorosa nel proemio del VI libro della *Institutio*, e ci rivela nel nostro retore un marito

e un padre affettuosissimo. L'anno della sua
morte è incerto; ma si può ritenere che sia
avvenuta poco dopo il 96.

II.

Fra l'87 e l'89 o al più tardi nel 92 Quintiliano compose un libro « Intorno alle cagio-
ni della decadenza dell'arte oratoria » (*De
causis corruptae eloquentiae*), pubblicato probabilmente prima che Tacito scrivesse il suo
Dialogus de oratoribus; non sembrano per-
suasivi gli argomenti di chi crede che la pubblicazione di questo debba invece ritenersi
anteriore. Comunque, l'opera di Quintiliano è
andata perduta; e del suo contenuto possiamo farci un'idea appena approssimativa da
pochi e purtroppo brevi accenni che se ne
trovano qua e là nella *Institutio*. Secondo Quintiliano, la decadenza dipendeva soprattutto
dall'uso, molto in voga allora nelle scuole
dei retori, delle declamazioni su temi strani
e affatto fantastici, che non avevano alcuna
relazione con i casi della vita reale. L'esercizio era, appunto per ciò, perfettamente inutile, un vero perditempo, tanto più dannoso per
l'eloquenza in quanto le declamazioni erano
deplorevoli anche per la forma: uno stile am-
polloso e manierato, ricco di iperboli, così
care a Seneca, scrittore in quel tempo popo-
larissimo e disgraziatamente proposto ai gio-

vani come modello; la depravazione del gusto letterario, che avrebbe dovuto essere educato con le opere di ben altri autori, non poteva essere peggiore. Il medesimo argomento tratta e svolge ampiamente Tacito nel *Dialogus*, ma con altri intendimenti e con diverso indirizzo: per lui le ragioni della decadenza vanno ricercate in tutto il campo della cultura e nelle condizioni morali e politiche di quell'età, non più atta al fiorire dell'arte oratoria. Non c'era più alcun rimedio; mentre a Quintiliano, che considerava la questione prevalentemente sotto l'aspetto della forma e si preoccupava in modo particolare della scuola, sorrideva la speranza che l'eloquenza potesse risorgere. Egli, per cui la retorica era il fine, scrisse da retore; Tacito, per cui invece era il mezzo, scrisse da storico.

Il libro *De causis corruptae eloquentiae* fu pubblicato, come egli stesso ricorda, direttamente da Quintiliano, e così pure, « per giovanile vaghezza di gloria », l'orazione in difesa di Nevio Arpiniano. Le altre, che andavano attorno sotto il suo nome, egli le ripudiò, perchè ribboccanti di errori, dovuti agli stenografi (*notarii*), che avevano raccolto negligentemente le sue parole e a scopo di guadagno: di suo c'era ben poco. Nessuna è giunta a noi; e nemmeno « due libri di arte retorica »: il primo, una copia, forse un semplice riassunto di due conferenze, l'altro, certo, di più lezioni, appunti presi da giovani allie-

vi di lui e da essi pubblicati contro la sua volontà; egli non vi aveva avuto alcuna parte.

A Quintiliano sono attribuite due raccolte
di declamazioni, una di 19, maggiori, compiu-
te o quasi in tutto, quali erano in uso nelle
scuole dei retori; l'altra di 145 (ora; in origine erano 388), minori, cioè semplici abbozzi
o schizzi a scopo prettamente scolastico, forse edite anch'esse di su appunti da qualche
allievo del maestro. Sono entrambe indegne,
pel contenuto e per la forma, di Quintiliano; il
quale inoltre non può, per coerenza, aver proposto ai suoi scolari i temi svolti nelle declamazioni maggiori e tracciati nelle minori.
Queste sono a un dipresso del tempo del nostro retore; di quelle non è stato finora possibile stabilire l'età.

III.

Ritiratosi dall'insegnamento, Quintiliano
attese a scrivere la sua opera maggiore, che
possediamo intiera, la *Institutio oratoria*, il
più completo trattato di arte retorica che ci
abbia tramandato l'antichità, pur rispetto a
quelli di Aristotele e di Cicerone, che inoltre
sono scientifici nel senso vero e più alto della parola. Studi recenti hanno messo in sodo
che egli cominciò a comporlo nel 93, lo ter-
minò verso l'autunno del 95, lo pubblicò non
oltre la fine del settembre del 96: determi-

nazione di date in cui si gingilla l'alta filologia, soprattutto germanica, ma che ha ben poca importanza sia per la storia della letteratura romana sia per l'*Institutio* in sè; la quale evidentemente rimane quello che è, se anche fu scritta e pubblicata qualche anno prima o dopo. Una certa importanza la possono avere altri fatti, dacchè Quintiliano stesso ha creduto di accennarvi nella breve lettera, in capo all'opera, al suo editore Trifone, uno dei più in voga, allora, a Roma, e nel proemio al libro I — sono dodici — della stessa, dedicata al suo amico Vittorio Marcello, celebre avvocato, caro a Domiziano e a cui Stazio fece omaggio del IV libro delle sue *Silvae* scrivendone in suo onore l'egloga quarta. A comporre l'*Institutio* Quintiliano, dapprima riluttante, si lasciò indurre da richieste di varie persone e poi «tanto più volentieri» per la pubblicazione, da lui non voluta, dei due libri di arte retorica sopra ricordati. Ci mise «poco più di due anni, impiegati meno nello scriverla che nella ricerca dei materiali e nella lettura di un'infinità di autori». I singoli libri, terminati, passavano di volta in volta, com'è lecito inferire da altri proemi, per le mani di Vittorio Marcello, e naturalmente la notizia del lavoro si diffondeva. Quintiliano desiderava, in omaggio al noto precetto di Orazio, lasciarlo riposare, e sottoporlo più tardi ad una completa revisione innanzi di consegnarlo all'editore. Ma questi insistette per averlo, assicurandolo che era atteso con viva impazienza; ed egli finì col permetterne senza indugio la pubblicazione, raccomandandosi che l'edizione fosse il più possibile corretta.

È tutta la teorica del suo magistero che Quintiliano raccolse nella *Institutio*, trattando un argomento « diligentissimamente » svolto da molti altri, Greci e Romani, prima di lui e così vasto che richiedeva una sicura e profonda conoscenza di tutte le dottrine che concorrevano a formare l'oratore cioè, secondo la definizione di Catone il censore, che il nostro retore fa propria, un *vir bonus dicendi peritus*, un galantuomo vero e autentico che sa ben parlare. Appunto la compiuta educazione del perfetto oratore si propose come scopo Quintiliano, « perfetto non soltanto nei costumi, ma anche in tutte le scienze e in tutto ciò che possa servire a renderlo più eloquente »; e persuaso che « non è possibile attingere la perfezione in alcuna cosa senza rifarsi da capo », incomincia a occuparsi del suo allievo addirittura « dall'infanzia ». Il principio informatore, che anima l'opera sua, è precisamente il principio creatore della pedagogia, di cui egli, ponendo per primo fra gli antichi l'educazione a base dell'istruzione e fondendo l'una con l'altra, dettò le norme fondamentali.

Queste sono esposte nei libri I, che è il più originale di tutta l'opera — pare che Quintiliano abbia tratto profitto dall' *Educazione dei fanciulli* di Crisippo — e II; i tre primi capitoli del I contengono precetti pedagogici; i rimanenti e la prima parte, la maggiore, del II, precetti didattici. Giova dire brevemente, pel loro valore notevolissimo soprattutto dal lato storico — Quintiliano, ripeto, gettò veramente le basi di una scienza nuova, la pedagogia, intesa nel senso più largo —, dei precetti pedagogici. Che i figli non riescano bene dipende da mancanza di cure. I genitori debbono essere istruiti quanto è possibile, e le nutrici parlare col bambino correttamente, e buone le persone che si trattengono con lui. Pei primi insegnamenti non basta un mediocrissimo insegnante. I pedagoghi insegnino e non comandino, e siano ottimi, e sappiano farsi amare e ad un tempo tener alta la loro autorità. Dilettevole ha da essere lo studio e, a ogni modo, tale che non venga in odio al piccolo discepolo, e inoltre promosso coll'attrattiva dei premi. È preferibile al farli istruire in casa mandare i fanciulli alle scuole pubbliche. C'è bensì il pericolo dei cattivi compagni, ma non è senza rimedio (un amico serio o un servo fedele), e comunque c'è il vantaggio che l'istruzione in comune desta l'emulazione e avvezza i fanciulli a trattare con estranei, cioè alla vita pubblica, dove un giorno l'oratore sarà chiamato a svolgere la propria attività — si tenga presente che Quintiliano si occupa dell'educazione in quanto serve di avviamento alla c a r r i e r a dell'orato-

re. Occorre che il maestro si renda conto
delle qualità naturali e intellettuali dei discepoli e sappia adeguare ad esse i mezzi educa-
tivi; i castighi corporali si hanno per più ragioni ad abolire. Non ho accennato che ai
precetti pedagogici principali, ma questi bastano a farci comprendere quale idea, con fine intelligenza psicologica e con la guida del
buon senso, si fosse formata Quintiliano dell'e-
ducazione, in netta, recisa opposizione agli
usi allora vigenti. « Oggidì il bambino », scrive
Tacito nel *Dialogus* (c. 29), « appena nato, si
affida a qualche servetta greca, a cui si asso-
cia uno schiavo o due, presi a caso fra la tur-
ba, d'ordinario gente la più vile e per nulla
adatta a qualunque ufficio alquanto serio. Delle panzane e dei pregiudizi di costoro s'im-
bevono tosto le inesperte tenere anime; e non
v'è persona in tutta la casa che si dia pensiero di ciò che dica o faccia alla presenza del
padroncino. Gli stessi genitori non avvezzano
i fanciulletti alla probità e alla modestia, bensì alla petulanza e alla maldicenza, talchè a
poco a poco questi diventano sfacciati e senza rispetto nè di sè nè degli altri ». Del resto, un quadro non molto diverso della pessi-
ma educazione dei fanciulli fa lo stesso Quintiliano (I 2, 4 sgg.): « ...Noi insegniamo loro
prima a gustare i buoni bocconi che a parlare... Se dicono qualcosa di licenzioso ce ne
compiacciamo... Niuna meraviglia: imparano
da noi, odono da noi. Non si dà banchetto che

non risuoni di oscene canzoni; sono loro mostrate cose che non possono dirsi senza arrossire ». Nel *Dialogus* è aggiunto che in casa e a scuola i giovanetti non parlano se non di istrioni, gladiatori e cavalli; « perfino i maestri » (si tratta, naturalmente, di maestri privati) « intrattengono più spesso i loro alunni con simili chiacchiere, e non raccolgono intorno a sè gli scolari con la rigida disciplina e con dar prova del loro sapere, ma andando in giro a profondersi in complimenti e a lusingare coll'adulazione ».

I precetti didattici di Quintiliano sono non meno chiari e assennati di quelli pedagogici, e valgono per tutto il corso delle scuole del *grammaticus*, cioè del maestro di lettere, e del retore. Al primo spetta l'insegnamento, per dirla in breve, della fonologia e della morfologia, e con esso quello del ben parlare, e scrivere e leggere correttamente, e il commento dei testi, particolarmente morale ed estetico. Il discepolo dovrà avere anche nozioni di musica, per saper modulare come conviene la voce e regolare le movenze, e di aritmetica, e farà esercizi ginnastici. In questi precetti Quintiliano scende, come nei precedenti, pedagogici, ai più minuti particolari, in riguardo tanto agli alunni quanto agli insegnanti, e anche, in riguardo agli alunni, pel periodo propedeutico, intermedio fra il tirocinio grammaticale, a un dipresso le nostre scuole medie, e il retorico. Ai più minuti particolari scende medesimamente nel dare le norme per l'insegnamento che deve impartire il retore. Fra l'altro dice come i primi insegnamenti del retore debbano prendere le mosse dai punti di analogia con quelli del grammatico; che mentre il grammatico ha da spiegare i poeti, al retore si richiede la lettura degli storici (preferibilmente Livio) e degli oratori (Cicerone); in qual modo vada diviso il soggetto della declamazione, quella, ben s'intende, che costituiva un necessario esercizio scolastico per i principianti, non già l'altra che era un 'surrogato' dell'orazione nel senso più alto della parola, e contro cui Quintiliano non risparmia i biasimi; quale importanza abbiano gli esercizi mnemonici. Ed ecco come egli delinea (II 2, 5-6) la figura del precettore, dopo aver detto, cioè ripetuto, che occorre osservarne in tempo i costumi, cosa tanto più necessaria in riguardo al retore per l'età dei suoi discepoli, dall'adolescenza alla gioventù: «Non sia accigliata la sua austerità, non eccessivamente libera la sua affabilità, affinchè non nasca da quella antipatia, da questa mancanza di rispetto. Parli frequentemente dell'onestà e del bene. Quanto più spesso darà saggi ammaestramenti, e tanto meno avrà occasione di castigare. Non sia facile all'ira, ma ad un tempo non dissimuli quei difetti che si dovrà emendare; sia semplice nell'insegnare, tollerante della fatica, costante piuttostochè esagerato. Risponda con piacere a chi lo interroga, a chi non lo interroga rivolga egli per primo le domande. Nel lodare le declamazioni dei discepoli procuri di essere nè troppo parco nè troppo largo, perchè l'una cosa genera in loro disgusto dello studio, l'altra una soverchia fiducia nelle proprie forze ». Oltre alla santità dei costumi e alla sicura conoscenza delle materie d'insegnamento bisogna che abbia una disposizione d'animo affatto paterna che gli renderà leggiere le fatiche della sua nobile missione. È un vero ideale di maestro quello che Quintiliano presenta e indubbiamente non impossibile ad essere realizzato.

Nella didattica di lui non ci sono lacune di nessun genere. Che non ce ne fossero era indispensabile, date le condizioni dell'insegnamento del suo tempo: le materie scolastiche non appropriate all'età degli alunni, e il modo, in cui venivano insegnate, così difettoso che essi non potevano ricavare alcun profitto dallo studio. Inoltre, come sappiamo ancora da Tacito (c. 30), nelle scuole, e sono quelle dei grammatici, si lavorava poco, « era molto limitata la lettura e quindi la conoscenza degli autori, l'antichità poco studiata, l'esercizio del meditare intorno alle cose, agli uomini, ai tempi troppo superficiale » e per ciò insufficenti le notizie che se ne avevano.

Nè migliori erano le condizioni delle scuole dei retori, nelle quali, di nuovo secondo Tacito (c. 35), « non si potrebbe dire quel che

r.ocesse di più agli ingegni, se il luogo o i
condiscepoli o il genere degli studi ». Fanciulli e giovani si esercitavano sotto la dire-
zione dei maestri a discutere oziosamente di
cose prive di qualunque interesse pratico, a
disputare di continuo su cause immaginarie.
ad acquistare certa facilità di parlare all'improvviso intorno ad argomenti svariatissimi,
che per lo più non avevano veruna importanza o, comunque, riguardavano fatti irreali,
e quel che è peggio, a sostenere egualmente
e con la stessa sicurezza e disinvoltura, senza
darsi pensiero dei mezzi e della convinzione
personale, il pro e il contro in ogni controversia e a rendersi, così, familiari le sottigliezze e le astuzie del dire, da poter servirse-
ne, presentandosi l'occasione, a danno dell'av-
versario, facendo tacere ogni scrupolo. Sif-
fatti ammaestramenti davano pedantescamen-
te i retori nelle loro scuole; e il giovane, col
corredo di una tale istruzione, si presentava
in un giorno determinato davanti a una mol-
titudine di uditori per lo più pagati e recita-
va la sua prima orazione in pubblico. Se la
prova riusciva bene e le circostanze lo favo-
rivano, egli poteva diventare col tempo un
buon oratore, cioè avvocato, buono, s'intende,
come lo si voleva allora; in caso contrario si
accontentava di essere nulla più che un semplice, vacuo declamatore, ove non gli si fosse
offerta l'opportunità di fare il delatore, me-
stiere assai proficuo, specialmente durante

l'impero di alcuni principi, come, fra altri, Domiziano, la cui arma di governo era il sospetto. Appunto sotto Domiziano fiorirono, se è lecito usare questa bella parola per persone così abominevoli, alcuni delatori il cui nome la storia ha consacrato all'infamia: Vibio Crispo, Palfurio Sura, Mezio Caro, Fabrizio Veiento, Catullo Messalino, Montano, Marco Aquilio Regolo. E anche Domizio Afro, il maestro di Quintiliano, si degradò, sia pure per colpa dei tempi, a fare il delatore.

Simile stato di cose non poteva non produrre una penosissima impressione sull'animo di un uomo, il quale, come Quintiliano, aveva atteso per tanti anni con grande amore e con assidua cura all'educazione e all'istruzione della gioventù. Tutta la *Institutio* è appunto una generosa protesta, che un padre amorevole e uno studioso serio e onesto fa contro l'errato sistema di educazione del suo tempo, e insieme quasi un modello tipico di quella istruzione soda e coscienziosa, che i retori avrebbero dovuto impartire ai giovani nelle loro scuole. È il meglio del suo pensiero e il frutto della sua esperienza personale che Quintiliano accoglie nei libri della *Institutio*, nei quali più di una volta egli scaglia con accento appassionato la sua parola di biasimo contro i retori; dei loro metodi pedanteschi, che non solo non conducono a nulla di concreto, ma sviano addirittura l'attenzione dalla realtà delle cose, non sa ren-

dersi ragione, come non sa persuadersi che
non sia possibile cambiare indirizzo o almeno rendere sano, pratico e perfetto quello esi-
stente. Il suo compito è anzitutto precisamente codesto; ed egli lo assolve, bisogna conve-
nirne, nel modo migliore, per quanto sarebbe
un'esagerazione vedere in lui, che del resto
non voleva certo essere tale, un radicale novatore e un riformatore proprio *ab imis*.

Quella che è da considerare come la seconda sezione del libro II (capitoli 14-21) è
consacrata tutta alla retorica e alle varie questioni che la riguardano in generale, a far capo dalla definizione per terminare alla materia.
La retorica è un'*ars*, il cui artefice, cioè l'oratore, si propone, come scopo più alto, il *bene
dicere*, e quindi la si può definire *bene dicendi scientia*. Che sia, soprattutto moralmente,
utile è cosa fuori di dubbio, in quanto vera
retorica può essere solo quella che s'immede-
sima con la virtù e con la moralità; come pure che sia arte, e « arte attiva, la cui funzio-
ne cioè è riposta nell'atto e in questo si espli-
ca più spesso ». Per essa si richiedono ingegno (*natura*) e conoscenza teorica (*doctrina*);
l'ingegno ha valore senza la *doctrina*, ma non
viceversa; tuttavia la perfezione è frutto assai più della conoscenza teorica che della
natura.

IV.

La maggior parte della *Institutio*, dal libro III a tutto il XI, è naturalmente dedicata all'esposizione dei precetti teorici della retorica, premesse notizie intorno alla sua storia nelle letterature greca e romana (da Empedocle, il filosofo di Agrigento, che se ne occupò per il primo — Aristotele lo presenta senz'altro come l'inventore della retorica — agli ultimi trattatisti romani, Verginio, Plinio, Tutilio, contemporanei di Quintiliano) e alla sua origine. In argomento si entra senz'altro coll'enumerazione delle parti della retorica, che sono per unanime consenso cinque: *inventio, dispositio, elocutio, memoria, pronuntiatio* o *actio*, termini tecnici proprii della stessa. Di ciascuna parte Quintiliano tratta in relazione sia coi tre generi di cause, il dimostrativo (*laudativum*), il deliberativo e il giudiziale, e soprattutto con quest'ultimo, il più importante per i retori e gli oratori dei suoi tempi, sia con le cinque parti appunto di esso: il *prooemium* (o *principium*) o *exordium*, la *narratio*, la *probatio* o *confirmatio*, la *refutatio* e la *peroratio*: parole, come le precedenti, passate, col medesimo significato speciale, in italiano. La trattazione, che riguarda tutta quanta la precettistica retorica, nulla affatto trascurando, pur di minor rilievo, è ampia il più possibile e, sebbene la materia sia piuttosto arida, non manca nè di spigliatezza nè di brio, che non solo non guastano, ma rendono, anche ora, meno pesante la lettura dell'opera e qua e là perfino dilettevole, istruttiva sempre. Sono osservazioni dettate dalla pratica dell'insegnamento, ricordi personali e storici, alle volte curiosi, aneddoti, esempi, citazioni frequentissime, per noi quanto mai preziose; sono imagini e comparazioni che mentre abbelliscono il discorso servono a facilitare l'apprendimento delle regole e leggi, dalle più alle meno importanti, dell'arte del dire; il rigore scientifico non ne scapita punto.

Quintiliano trova modo di parlare anche di suo padre, del quale ricorda un bisticcio (IX 3, 73), che tradotto in italiano perde ogni sapore: *immoriaris — immorare* «che tu muoia — che tu dimori»; i giuochi di parole erano tra le 'figure' più care ai retori di quel tempo, anzi, per loro, veri cavalli, come noi diciamo, di battaglia. Di bisticci ne sono ricordati anche troppi nella *Institutio*, e uno, di Quintiliano stesso, lo troviamo proprio dove meno ce lo aspetteremmo, nel proemio del libro VI. Fra le parole pietose e dolorose che egli consacra ivi alla memoria del suo figlio, strappato alla vita appena decenne, fa bella mostra di sè un'arguzia — tanto poteva in un retore la retorica! nel senso peggiore del vocabolo — di questo genere: «E se io consento non ad amare, ma a sopportare la luce del giorno, questa mia pazienza ti vendicherà per tutta la vita che mi rimane; imperocchè indarno noi accagioniamo la fortuna di tutti i nostri mali: nessuno è lungamente infelice se non per sua colpa ». Ben a ragione Tamagni e D'Ovidio si domandano: « Chi ne capisce nulla? O che il figlio doveva tenersi vendicato perchè il padre tollerava di prolungare la vita nel dolore? »

Le figure e i tropi o traslati, che conferiscono all'*ornatus*, cioè ad abbellire il discorso, formano l'argomento dell'ultimo capitolo del libro VIII e dei tre primi del IX; vi sono passati tutti in rassegna e dichiarati e spiegati con copiosa esemplificazione. Sia però lecito avvertire che nei grandi poeti e nei grandi prosatori figure e tropi erano genuine finezze artistiche, che i retori antichi deprezzarono considerandole semplicemente come artifizi, nè Quintiliano fa eccezione alla regola. Tropi e figure sono elementi della *elocutio*, esaurita la cui tecnica egli passa a trattare (IX 4) della *compositio*, che consiste nella gradevole connessione dei vocaboli e nell'armonia ritmica, e ne tratta con tutta la larghezza che l'importanza dell'argomento richiede, e non è a dire con quanta competenza e con quale senso della realtà. Ai suoi tempi molti oratori eccedevano nella cura della collocazione delle parole nel periodo per soverchio amore del ritmo, e contro tale eccesso, giustamente biasimato anche da Tacito nel *Dia-*

logus (c. 26) e dai due Seneca, padre e figlio, polemizza Quintiliano nel luogo indicato e in altri della sua opera.

Le doti accennate, a cui si accoppia una grande ricchezza di buone e quasi sempre acute e non di rado vere e pratiche osservazioni psicologiche, culminano in quella che può ritenersi còme la terza sezione della *Institutio*, costituita dagli ultimi tre libri dell'opera. Sono in buona parte precetti pratici: per mezzo di quali esercizi l'oratore possa acquistare l'abito della facilità della parola (libro X), la necessaria prontezza della memoria (l. XI) e il senso e il gusto dell'onesto e del bello (l. XII). Mette conto di sentire, anche per formarsi un concetto del suo modo di ragionare, ciò che scrive Quintiliano in principio del primo capitolo « Della copia delle parole » del libro X: « Benchè questi precetti intorno all'elocuzione siano necessari per la teoria, tuttavia non valgono abbastanza per la pratica del parlare, quando lor non s'aggiunga quella cotal sicura facilità, che i Greci chiamano *exis*: ad ottener la quale so che si suole indagare se più 'giovi l'esercizio dello scrivere, o del leggere, o del parlare. E noi dovremmo esaminare codesto quesito con qualche diligenza, se si potesse star paghi di uno qualsiasi di quegli esercizi. Ma tutti sono tra lor congiunti e inseparabili tanto, che, dove uno venisse a mancare, sarebbe inutile affaticarsi attorno agli altri. Poichè l'eloquenza non sarà mai soda e vigorosa, se non acquisterà forza con lungo esercizio di scrivere, e senza l'esempio pòrto dalla lettura, siffatto lavoro, privo di guida, andrà vacillando, e ancora chi sappia quali cose gli bisogni dire, e in qual modo, pure, se non avrà eloquenza pronta e preparata a tutte le circostanze, sarà come se si trovi a giacere sopra un tesoro chiuso. Non però in quel modo stesso che ciascuno dei tre esercizi è in principal guisa necessario, sarà senz'altro di massima importanza a formar l'oratore. Perchè, stando nel parlare il proprio ufficio dell'oratore, vien certamente in primo luogo il dire, ed è chiaro che qui fu il cominciamento di quest'arte; poi si ha l'imitazione, e da ultimo ancora la cura dello scrivere. Ma come non si può pervenire al fine se non movendo dai principii, così a misura che si va innanzi già pigliano a diventar minime quelle cose che si presentano per prime. Sennonchè noi non discorriamo qui come sia da formar l'oratore, giacchè questo s'è discorso sufficientemente, o, almeno, come per fermo abbiamo potuto: ma con qual genere di esercitazioni sia da preparare alla lotta un atleta, che abbia imparato già dal maestro tutte le mosse e gli atteggiamenti regolari. E per conseguenza ammaestreremo come possa mettere in pratica nel migliore e più facile modo ciò che ha imparato, colui, che già sappia trovare [la *inventio*] e disporre [la *dispositio*] la materia, e già abbia appreso l'arte della scelta e della collocazione delle parole » [la *elocutio*].

Il libro X contiene, appunto nel capitolo primo, la ben nota rassegna dei principali scrittori greci e romani, un buon compendio di storia letteraria, tanto più prezioso per noi in quanto di alcuni fra loro, specialmente latini, non abbiamo notizie o molto scarse da altre fonti. Di ciascun scrittore, e troppi andarono perduti, Quintiliano nota in poche parole i pregi e, ove occorra, i difetti, gli uni e gli altri quali apparivano a un critico del suo tempo e, per giunta, retore, e come tale inteso più alla forma delle opere letterarie prese in esame che non al loro contenuto; il fine speciale della sua critica è retorico. I giudizi il più delle volte colpiscono giusto e a fondo, e sono inoltre espressi così felicemente che alcuni diventarono addirittura popolari. Per quanto riguarda gli scrittori greci, base del cui elenco dev'essere stato il cosidetto c a n o n e   a l e s s a n d r i n o, classificazione per categorie di tutti i più insigni fra loro, assai spesso i giudizi non sono suoi; in parecchi luoghi Quintiliano traduce ora più ora meno liberamente da vari trattati di Dionigi di Alicarnasso (I secolo a. C.) e in particolar modo da quello intitolato *Giudizio degli antichi*, che è appunto la sua fonte principale nella rassegna di essi scrittori; se pure i due critici non hanno attinto, come si crede, a una fonte comune. Per la rassegna degli scrittori romani Quintiliano riporta di solito i risultati di ricerche e studi proprii.

Nel medesimo primo capitolo del libro X si trova, in questa rassegna, il passo famoso, anzi famigerato delle lodi iperboliche, addirittura smaccate di Domiziano, come studioso e poeta epico, e purtroppo anche come guerriero: egli aveva fatto, sì, una spedizione contro i Catti, nell'84, ma fu una pagliacciata. Gli elogi sperticati di Quintiliano, grazie ai quali, unicamente, Domiziano ci è noto come poeta epico — le «generazioni venture», al cui giudizio il retore si rimette, hanno dimenticato perfettamente non pure di celebrare le glorie di Domiziano poeta, ma ben anche di considerarlo tale — fanno addirittura nausea; l'adulazione non potrebbe essere più bassa. C'è ancora chi crede che Quintiliano non sia stato nè adulatore nè ingiusto; è indubbiamente un'opinione errata. Checchè si possa dire, egli rimane un vero, autentico adulatore; nessuna difesa, per quanto abile, potrà infrangere la secolare accusa. Ci sono però delle attenuanti. Anzitutto Quintiliano aveva ricevuto molti benefizi dall'imperatore, e gli correva pure l'obbligo di mostrarsi grato, e si mostrò come potè. In secondo luogo, l'adulare — adulazione spudorata nel contenuto, enfatica nella forma — era allora di moda, specialmente nello stile ufficiale (basti ricordare Marziale e Stazio, entrambi adulatori dello stesso Domiziano; nel poeta epico l'adulazione tocca non di rado il colmo); e Quintiliano, di una moda senza dubbio imposta dal dispotismo strapotente, non era uomo da non curarsene. Tutto ciò sia detto non per giustificare il nostro retore, che sarebbe fatica sprecata, ma unicamente per spiegare il fatto.

Argomenti degli altri capitoli del libro X (il quale può bensì stare a sè — tanto è vero che da più di un cinquantennio lo si suole pubblicare a parte — ma non è assolutamente indipendente dai precedenti e dai seguenti) sono l'imitazione, la maniera dello scrivere, anche per la parte materiale — precetti, dunque, eminentemente pratici —, il modo di correggere, la scelta dei soggetti principali dello scrivere, la meditazione del tema (*cogitatio*), e il modo di acquistare e di conservare la facoltà di parlare all'improvviso (*extemporalis facilitas*). Non siamo più nel campo dello svolgimento propriamente scientifico e tecnico della materia della *Institutio* — a rigor di termini, libri II-VII, chè già nei due successivi con lo studio dei caratteri artistici del discorso si entra in più amena regione —, ma ci sentiamo, a dir così, in un ambiente di ben più largo respiro. La curiosità non soltanto dello studioso e del professionista, ma pur del semplice dilettante è tenuta più desta e viene acuita man mano che si procede nella lettura e l'interesse aumenta sia pel soggetto sia pel modo della trattazione, che ora non ha quasi più nulla ora non ha più nulla affatto di cattedratico. Parla, cioè scrive pur sempre il retore, ma non il retore esclusivamente, bensì una persona coltissima che ha assoluta e sicura padronanza della materia e anche, fin dove questa lo ammette, un cotal senso d'arte. Ma soprattutto la serietà e il buon senso di Quintiliano si rivelano nella loro pienezza; valga a dimostrazione di ciò la seguente osservazione relativa al parlare all'improvviso (cap. 7°, § 21): « Sono soltanto alcuni declamatori che si lasciano trascinare da un'inconsulta ambizione a voler parlare senz'altro appena posto innanzi un soggetto di controversia, e anzi chiedono la parola da cominciare, che è massimamente assurdo e teatrale. Ma di gente tanto oltraggiosa l'eloquenza a sua volta se ne ride, e chi vuol parere dotto agli sciocchi, è viceversa giudicato sciocco dai dotti ».

Argomento del primo dei tre capitoli del libro XI è la necessità del *dicere apte* cioè del parlare nel modo più conveniente alle cose, alle idee e alle persone, senza cui a nulla servirebbe un discorso per quanto possa essere bello. Bisogna che l'oratore sappia quali sono i mezzi acconci a conciliarsi l'animo del giudice, a istruirlo e a commoverlo, che non dimentichi mai lo scopo che si prefigge di raggiungere in ciascuna parte della sua orazione e non si vanti mai della sua eloquenza, chè il vantarsi è sempre un difetto e special-

mente per un oratore e infastidisce gli uditori, anzi ne suscita l'avversione; è permesso invece talora di mostrare d'aver fiducia nella
propria arte. Bisogna inoltre che egli consi-
deri chi è e per chi e davanti a chi parla e
tenga conto del tempo e del luogo e della
condizione e della causa, guardandosi sempre dal troppo e dal vano.

Nei capitoli secondo e terzo si discorre rispettivamente della *memoria* e della *pronuntiatio* o *actio*. Della memoria, « il tesoro del-
l'eloquenza », sono indicati i modi in cui si
può coltivarla e conservarla; per acquistarla
occorrono « l'esercizio e la fatica: imparare
molto, meditare molto, possibilmente ogni
giorno, ciò che è più efficace di ogni altra
cosa ». Si è proposta la questione « se coloro
che hanno a parlare in pubblico debbano imparare a mente parola per parola (ciò che abbiano scritto) o possa bastare che apprendano
soltanto la sostanza e l'ordine delle cose. Ri-
solverla in modo generale non è possibile. Se
la memoria aiuta e il tempo non fa difetto,
non dovrebbe sfuggire nemmeno una sillaba
(di ciò che si è scritto); se no, anche lo scrivere sarebbe addirittura inutile ». Nè suggeritori
nè note da consultare che « interrompono
l'impeto dell'a z i o n e » e danno luogo a vari inconvenienti; laddove « la buona memoria procaccia fama di prontezza d'ingegno,
sembrando che quanto diciamo non sia frutto di meditazione, ma ci sia venuto alle lab-

bra proprio in quel momento ». Giustamente Quintiliano consiglia chi non abbia memoria a rinunciare al foro; e chiude la trattazione ricordando varie persone, Temistocle, Mitridate, Crasso, Ciro, Teodette, in cui fu massimo il potere della memoria, in quanto a perfezionarla contribuirono la natura e l'arte, che ne sono i due coefficenti essenziali.

La *pronuntiatio* è propriamente altra cosa dall'*actio*: mentre questa si riferisce al gesto, quella riguarda la voce. L'oratore deve anzitutto osservare quale voce egli abbia, poi come debba usarla, l'uso di essa essendo assai vario. La voce richiede cure speciali, che la migliorano, diverse però da quelle a cui ricorrono i cantanti (*phonasci*), e va esercitata in modo conforme all'uso che occorre farne. Quando sia ben formata e assodata, la miglior maniera di esercitarla è di declamare ogni giorno nel modo stesso in cui si parla nel foro. La pronunzia dev'essere come l'orazione: corretta, chiara, ornata, convenevole; inoltre sempre eguale a sè, il che non ne esclude la varietà: il variarla le dà grazia e rinnova l'attenzione degli uditori. Anche necessita che si conformi la voce alla natura delle cose che si dicono e ai sentimenti che si esprimono. E si tenga per di più presente che non va mai sforzata. Il gesto ha nell'oratore un'importanza massima, come risulta pur dal fatto che esso fa intendere molte cose anche senza le parole. C'è eziandio un'educazione del gesto,

la quale riguarda il modo di atteggiare il volto — movimenti degli occhi, delle ciglia, delle palpebre, delle guance, delle labbra —, di
tenere il capo — la cervice diritta, non però
nè rigida nè riversata —, il collo, le spalle,
ora da alzare, ora da stringere, di protendere
le braccia, di governare le mani e le dita: sono tutte norme minutissime che Quintiliano
dà, chiaramente dimostrando di avere in materia una competenza che non è certo di tutti. Nell'educazione del gesto rientrano anche
il modo di tenere i piedi e il camminare sulla
tribuna e lo spostarsi da un punto all'altro di
questa: una vera goffaggine mettersi a correre di qua e di là; e qui il ricordo di una bar-
zelletta di Flavio Virginio, che di un retore suo
antagonista domandò « quante miglia avesse
declamato ». L'oratore deve guardarsi il più
possibile da attitudini indecenti e da atteggiamenti istrionici; occorre che il gesto si adatti, sempre, più al senso delle cose che si dicono che alle parole. Anche dell'abbigliamento
(*cultus*) si dia pensiero l'oratore; veramente
egli non ne ha di esclusivi: basta che sia quello delle persone ammodo, « splendido e viri-
le », tanto nella toga quanto nei calzari, e nel-
l'acconciatura dei capelli. La toga ha nell'*actio* un suo rilievo particolare; e anche qui il
nostro retore abbonda in precetti e osservazioni intorno a minuzie e quisquilie per noi
ora, ma che tali non dovevano essere ai suoi
tempi, se egli ha creduto necessario di indu-

giarsi a parlarne così a lungo. E dopo aver discorso con tanta ampiezza dei pregi e dei difetti della *pronuntiatio* e dell'*actio,* insiste ancora sul valore e l'efficacia dell'una e dell'altra, e aggiunge nuove considerazioni e norme relative alla necessità che la voce, la pronunzia e il gesto in quanto si esercitano nelle singole parti della *oratio* siano convenienti in massimo grado a ciascuna di esse, dall'esordio alla perorazione. « Una medesima parola, secondo il modo in cui sia pronunziata, indica, afferma, rimprovera, nega, mostra meraviglia, indignazione, interroga, schernisce, scredita ». Il gesto ha da essere sempre decoroso; e ciascun oratore nel formare la sua *actio* deve anzitutto « conoscere bene sè stesso e tener conto non soltanto dei precetti comuni, bensì anche della propria natura ». E finalmente Quintiliano si congeda dal lettore del libro XI rinnovando la raccomandazione finale di altre parti che « regni soprattutto la moderazione; non un commediante io intendo di formare, ma un oratore ».

Col libro XI ha termine la trattazione dell'*ars,* come la chiamarono i Romani, la τέχνη dei Greci, cioè la retorica propriamente detta, la teoria dell'eloquenza. Questa per Quintiliano, figlio di un retore, retore egli stesso e professore di retorica, era « la regina del mondo » (*reginam rerum orationem*: I 12, 18) e « la vera retorica una virtù » (II 20, 4); è quindi facile comprendere con quale amore e con quan-

ta diligenza egli abbia atteso a scriverne i precetti. La retorica informava di sè tutta la letteratura romana, anzi la caratterizzava: educazione letteraria ed educazione oratoria si
immedesimavano; la parola *ingenium* signifi-
cava, per antonomasia, ingegno oratorio. Così, penetrato l'ellenismo a Roma e conosciute-
si le molte τέχναι di trattatisti greci, anche i
Romani cominciarono a scrivere di retorica.
Le prime τέχναι trattavano della divisione dei
discorso nelle sue parti principali, esponevano
i punti di vista da cui si poteva considerare la
cosa per trovare gli argomenti adatti, e forni-
vano norme riguardanti la forma. Più tardi
si aggiunse la teoria della prosa ritmica per
la conformazione armonica del periodo, ciò
che conferì largamente alla costituzione, su cui
aveva certo influito, come ormai è ammesso
senza discussione, la sofistica, della prosa ar-
tistica attica; finchè con Ermagora (II sec. a.
C.) si ebbe una teoria completa dell'arte oratoria, teoria alla quale avevano portato un con-
tributo di gran valore gli Stoici — fra i retori stoici il più autorevole fu appunto Ermagora — soprattutto per ciò che spetta alla
invenzione e alla disposizione, le due prime
parti della retorica. Nei trattati retorici greci predominavano un dottrinarismo e uno sche-
matismo assoluti, a cui ripugnava in sommo
grado lo spirito romano tutto volto alla pratica; le astrattezze teoriche non erano fatte
pei Romani. Essendo andate perdute le opere

dei loro più antichi trattatisti di retorica, non possiamo affatto sapere come fossero composte; ci rimane però la *Rhetorica ad Herennium* di Cornificio, nella quale troviamo temperate le astrattezze greche coll'elemento più pratico romano. In questa via procedette oltre Cicerone in tutte le sue opere retoriche, in cui egli introdusse coll'elemento pratico in ben maggior copia anche l'elemento sperimentale, ciò che gli era reso naturalmente più facile dalla sua grande pratica forense. Anche Quintiliano nella sezione strettamente precettistica della *Institutio*, cioè nei libri III - XI, tempera le astratte dottrine greche coll'elemento pratico, facendo pure larga parte a quello sperimentale. Ne venne tuttavia così per lui, come già per Cicerone, che la trattazione della materia in qualche luogo è piuttosto superficiale, difetto che noi, avvezzi al rigore scientifico, avvertiamo facilmente, laddove ai Romani dovette passare inosservato, poco preparati come erano a tale genere di studi nell'età ciceroniana e preoccupati di ben altro nel primo secolo dell'impero, quando la decadenza dell'arte oratoria era oramai un fatto compiuto. È indubitabile che Quintiliano nel comporre la parte precettistica si valse delle opere dei suoi numerosi predecessori greci e romani, come risulta dalla sua stessa testimonianza, a cui già fu accennato, nella lettera a Trifone e nei proemi dei libri I e III, e da indicazioni sporadiche in più luoghi.

La retorica come scienza era già stata eretta da tempo a corpo di dottrina, con distinzioni, divisioni, suddivisioni di vario genere e con un complesso di precetti adatti, e con l'esposizione dei dispareri di scuole diverse relativi a questioni speciali; tale la trovò Quintiliano, che pertanto non potè nè del resto volle essere nemmeno in ciò un novatore. Sono gl'insegnamenti dei suoi predecessori che egli raccoglie, come dice egli stesso, con un largo eccletismo (a cui già si era attenuto Cicerone, e che, a ogni modo, era romano in genere nel campo precettistico), soprattutto quando s'imbatte in opinioni discordi intorno a certi particolari; e li espone, gl'insegnamenti, ordinati quasi sempre con saggio criterio didattico, illustrandoli e adattandoli ai bisogni reali del suo tempo con osservazioni proprie, bisogni non soltanto della scuola, ma della cultura in generale. Non risponde al vero l'affermazione del Cucheval: « il mondo che Quintiliano conosce comincia e finisce nelle scuole di retori; ad esse, soltanto, egli penserà nel comporre la *Institutio oratoria* ». Per tornare alle fonti di questa: furono indagate con gran cura e con risultati quasi sempre sicuri da non pochi valenti filologi tedeschi. Fra altre, greche, vanno annoverati vari προγυμνάσματα, ' esercizi preliminari ' retorici, specialmente di Dionigi di Alicarnasso e di Cecilio di Calatte, per mezzo del quale ultimo Quintiliano avrebbe conosciuto le opere di Aristotele; fra le ro-

mane, oltre a Cicerone: Cornificio e Rutilio,
A. Cornelio Celso, probabilmente anche Cor-
nuto, e per la dottrina sull'accento e per la
parte grammaticale in genere forse Verrio
Flacco e Remmio Palemone, il maestro di
Quintiliano. Il quale però di tali sussidi sa
servirsi con molto senno e discrezione, senza seguire ciecamente alcun sistema, ma sce-
gliendo quanto di buono gli sembra che abbiano gli uni e gli altri, e guardandosi dagli
eccessi delle scuole, che nell'erudizione e nella critica del suo tempo si contendevano troppo animosamente il campo. Dallo studio delle
fonti si ricava con certezza che la parte dot-
trinale dell'opera ha uno spiccato carattere
stoico, per quanto moderato.

V.

È invece costante, con ogni evidenza, l'in-
flusso pieno, assoluto di Cicerone sulla parte metodologica — Quintiliano è il rappresentante tipico della metodologia antica — *lon-
ge gravissima* (' di gran lunga la più 'importante '), come la designa egli stesso, della *Institutio*, il libro XII, di cui per ciò è necessario
dire con maggior ampiezza.

Nel primo capitolo appunto del libro XII
Quintiliano fa propria la definizione di Catone dell'oratore *vir bonus dicendi peritus* e
la illustra largamente, tanto nella prima par-

te quanto nella seconda, insistendo sulla necessità che l'oratore sia anzitutto un uomc onesto e virtuoso; se no, non può essere perfetto. « Non madre, ma matrigna sarebbe stata la natura se avesse inventato la facoltà del dire per farne una compagna delle scelleraggini, un'avversaria dell'innocenza, una nemica della verità ». Non è possibile che sia oratore, anzi nemmeno uomo intelligente chi preferisce il male al bene; e così pure, un'insensato non diventerà mai oratore. Ammettiamo che un uomo pessimo e uno ottimo siano pari per ingegno, studio e dottrina: quale dei due sarà chiamato miglior oratore? Senza dubbio, colui che sarà anche uomo migliore. Il *vir bonus* persuaderà sempre più facilmente che il *malus*, e anche dirà più spesso cose vere ed oneste. Pur quando per compiere qualche dovere non potrà attenersi strettamente al vero, è forza che sia creduto maggiormente dagli uditori. Scagionati Demostene e Cicerone, i due sommi oratori della Grecia e di Roma, dalle colpe che ad essi attribuivano i loro detrattori — furono certo entrambi uomini onesti e cittadini virtuosi —, Quintiliano prosegue nel suo ragionamento concedendo, sebbene ciò, secondo lui, non possa affatto avvenire, che « siasi trovato qualche malvagio che fosse stato abilissimo parlatore »; ma non fu certamente « oratore ». L'oratore, degno veramente di questo nome, deve essere « perfetto tanto nei costumi quanto nella bravura. Poichè lungi dal for-

mar il carattere di un uomo volgare del foro
o di un trafficante della parola per lucro o,
per non usar parole più forti, di un semplice
avvocato, non inutile nella trattazione delle
cause, che si chiama comunemente causidico,
intendiamo formar quello di un uomo d'indole eccellente, coltissimo, in breve conces-
so al genere umano tale quale nessuno mai
ne ebbe tutta l'antichità, un uomo singolare e
perfetto in tutto, di ottimi sentimenti e otti-
mamente parlante ». Un oratore siffatto dovrà
naturalmente augurarsi di dover sempre trattare cause della cui bontà sia persuaso egli
per primo, ma può anche trattarne di quelle
che, pur non essendo buone per sè stesse, di-
vengano buone per effetto delle circostanze e
per ragioni di pubblica utilità. Un buon avvocato non si lascia vincere troppo dagli scru-
poli nel scegliere i mezzi di cui può valersi
per la trattazione delle cause, e spesso anche
assume la difesa di persone a lui note come
colpevoli; bisogna però ammettere che egli in
qualche caso a fine di bene può dire cose non
rispondenti a verità, ma che siano tali da
convincere i giudici; e inoltre c'è pur sempre
la speranza che i malvagi possano correggersi,
e quindi sia più vantaggioso il salvarli che il
punirli. La definizione catoniana nulla perde
del suo valore per certe restrizioni imposte
dalle circostanze e per casi eccezionali. L'o-
ratore, oltre all'indole onesta — su ciò molto
insiste Quintiliano —, dovrà possedere la co-

noscenza teorica della filosofia morale. Non
si vuole certo fare dell'oratore un filosofo,
chè nulla sarebbe più alieno dalla vera essen-
za dell'arte oratoria; nè egli commetterà u-
surpazioni nel campo filosofico, come purtroppo ne hanno commesse i filosofi nel campo retorico. E non soltanto la filosofia morale, « che tutta conviene all'oratore », egli dovrà conoscere, bensì anche la dialettica e la
logica, di cui si gioverà per uno dei suoi tre
uffici, il *docere*, lasciandone però da parte le
troppo minute sottigliezze. E ancora la filosofia naturale (fisica), utile all'arte del dire
sia per sè, sia perchè abbraccia tutta la morale, sia anche perchè tratta pure di cose attinen-
ti alla religione e che sono spesso oggetto delle più importanti deliberazioni pubbliche. È
ozioso discutere quale delle sette filosofiche
l'oratore debba preferire, se gli Accademici, i
Peripatetici o gli Stoici (vanno esclusi senz'altro Epicurei, Cirenaici e Scettici): egli non
ha per nulla bisogno di « obbligarsi con giu-
ramento » alle leggi di alcuna di esse. Come
per la propria arte imiterà i più eloquenti,
così per formare cioè migliorare i costumi
sceglierà i precetti migliori, e la via che con-
duce più dirittamente alla virtù; e si esercite-
rà sugli argomenti più importanti e più nobili, quali la virtù, la repubblica, la provviden-
za, l'origine delle anime, l'amicizia. Eccellen-
tissima maestra gli sarà la storia di Roma antica: « quanto più valgono i Greci per i pre-

cetti, tanto più valgono i Romani per gli e-
sempi », e di questi si gioverà largamente per
acquistare franchezza nel trattar le cause e nel
dar consigli. « Oratore perfetto non può essere se non chi sappia e osi parlare onesta-
mente ». All'oratore è necessaria anche la conoscenza del diritto civile, e dei costumi e delle
istituzioni religiose, che sono il principale
fondamento dello Stato. Egli dovrà possedere
pure una cultura storica e aver presenti gli e-
sempi che ci offrono il passato e l'esperienza
giornaliera, e non trascurare nemmeno quanto si apprende dai poeti più celebri. Ma non
bastano all'oratore la conoscenza dell'arte retorica e la cultura filosofica, giuridica e storica; si richiede in lui soprattutto grandezza
d'animo e qualità bensì naturali, ma che debbono essere rafforzate e perfezionate dall'arte: un bel timbro di voce, buoni polmoni e
dignità nell'aspetto, doti di tanto valore che
spesso creano senz'altro all'oratore fama di
uomo d'ingegno.

In questi, che sono i primi cinque capitoli
del libro XII, Quintiliano è essenzialmente
d'accordo con Cicerone, che nell'*Orator* e nel
De oratore tratta, fra altri, gli stessi argomenti ed esprime le medesime idee o idee analo-
ghe.

Nei quattro capitoli seguenti è indicato a
quale metodo l'oratore deve attenersi nell'assumere, nello studiare e nel trattare le cause.
Incominci la sua carriera nè troppo presto nè

troppo tardi, e da cause facili e simpatiche,
interrompendola poi per qualche tempo per
un ritorno allo studio; così la teoria e l'esperienza procederanno di pari passo con grande suo vantaggio. È preferibile assumere la
difesa; ma se lo Stato lo esige, l'oratore può
assumere invece l'accusa. Nel primo caso, procuri di patrocinare cause giuste, e non si venda ai potenti nè esalti, contro la dignità, gli
umili. Rinunci, potendo, alle cause che, dopo
averle studiate, egli abbia riconosciute cattive, e a ogni modo si guardi dall'illudere i
clienti. Se le sue condizioni economiche glielo permettono, presti l'opera propria gratuitamente; se no, può accettare una ricompensa: tuttavia non sia venale nè esiga troppo.
Studi con ogni cura la causa, una buona e coscienziosa preparazione essendo addirittura
indispensabile; per conoscerla meglio, non
tralasci di abboccarsi col cliente e prenda degli appunti. Scruti anche le circostanze e la
figura morale dei litiganti e immagini d'essere egli stesso il giudice per poter così rendersi conto dell'effetto della sua orazione. Per
soverchio desiderio di lode non perda mai di
vista la causa, del cui buon esito, soltanto, e
non di sè, deve preoccuparsi. Assuma anche
cause umili e le tratti seriamente; la mancanza di serietà è dannosa tanto all'oratore quanto al cliente. Nessuna contumelia contro i patroni della parte avversaria; nè spavalderie,
nè lentezze, nè temerarietà. Non assuma trop-

pe cause. Preparazione per scritto dello schema dell'orazione; ove occorra, sappia improvvisare: ciò che gli riuscirà facile, sorretto come sarà dalla dottrina, dall'applicazione e dall'esercizio. Queste ultime norme, relative alla trattazione della causa, sono date qua e là, come avverte Quintiliano stesso, nei libri precedenti, ma non per ciò è ozioso ripeterle. Del resto, nella *Institutio* s'incontrano altre ripetizioni, soprattutto a cagione della vastità della materia.

Il capitolo decimo è dedicato allo stile, *genus dicendi* o *orationis*, questione molto importante e spinosa, e non soltanto al tempo di Quintiliano, chè già assai prima era stata dibattuta, ma appunto allora il dibattito era più che mai vivo. Riguardava le due opposte tendenze dell'asianesimo e dell'atticismo, strascico dell'antico contrasto, che informò quasi tutta la letteratura romana, a far capo dall'età degli Scipioni, fra i *novi* e i *veteres*, nell'epoca imperiale rispettivamente neoterici e arcaisti o classicisti. Per questi, successori degli atticisti dei tempi di Cicerone, stile perfetto poteva essere soltanto quello improntato alla massima naturalezza e semplicità; gli asianisti invece facevano consistere la perfezione nel manierismo e nell'ampollosità. Eccessi l'uno e l'altro: il primo, perchè le due doti erano bensì necessarie entrambe all'arte oratoria, ma solo a condizione che non fossero, come erano appunto per gli atticisti,

precisamente per ciò osteggiati da Cicerone,
artificiali e frutto di erudizione; il secondo,
specialmente perchè ampollosità e manierismo sono per sè stessi difetti, già esponenti
della decadenza dell'eloquenza greca del secolo V-IV che ne segnò la più rigogliosa fio-
ritura. La via di mezzo fra' due indirizzi era
rappresentata dalla maniera rodiana, che
temperava la soverchia gonfiezza asiana con
la finezza naturale, non del tutto estranea nè
all'atticismo nè al neoatticismo. Nel giusto
mezzo aveva saputo tenersi genialmente Cicerone in teoria nelle sue opere retoriche, in
pratica nelle sue orazioni, rispetto alla varietà dello stile esigendo che l'oratore badasse
a non cadere negli eccessi atticistico e asia-
no, anzi ad alternare, presentandosene l'opportunità, il tono della conversazione con lo stile più elevato, come egli usava. Sulle orme
di Cicerone procede Quintiliano (di cui Tacito condivide, nel *Dialogus*, almeno in teoria
le idee), che ne approva, in tutto, il modo di
pensare: il neoatticismo, sopravvivenza, in
gran parte, dell'atticismo dei tempi ciceronia-
ni, è anche per lui eccessivo, appunto perchè
esso era schiavo di una teoria puramente letteraria e non ammetteva che lo stile potesse
soggiacere alla legge dell'evoluzione storica.
Quintiliano è avverso medesimamente agli a-
siani, cioè propriamente ai moderni, i neoterici, che la teoria dell'evoluzione storica dello
stile spingevano all'estremo limite e predili-

gevano una composizione del periodo « effe-
minata e snervata », alla quale egli preferisce
quella « dura e aspra » degli arcaici. Ricono-
sce giudiziosamente che i tempi nuovi debbono avere uno stile nuovo e che la prosa di
essi ha molto di buono; la servile imitazione
dei più antichi è biasimevole. Al pari di Cicerone è seguace della teoria della varietà sti-
listica e sostiene la contemperanza dei tre
stili, il *subtile*, il *medium* e il *grande*, ' semplice, mezzano, sublime ', necessaria all' oratore
che deve adoperare ora l'uno ora l'altro a seconda non pure della qualità delle cause che
tratta, sì bene anche dell'argomento, delle persone, dei luoghi, dei tempi, delle circostanze,
e ancora in questa e quella parte di una medesima orazione. Sono cose alcune già dette,
altre appena accennate qua e là nei precedenti nove libri della *Institutio*, ma nel capitolo,
di cui ora ci occupiamo, del libro XII esposte
nella loro sede propria; il che consente a
Quintiliano di ribadire certe idee, di insiste-
re su certi principii, di rincalzare certi con-
cetti, di spiegarsi più chiaramente e precisamente, di indulgere al suo vezzo di dare consigli — non per nulla era stato avvocato e professore —, di mettere avanti massime e considerazioni quanto mai sensate. Alcune spigo-
lature: come nella pittura e nella scultura così c'è varietà di stile nell'eloquenza, che passò per i medesimi stadii delle arti figurative;
altra cosa è il *sermo vulgaris* o *cotidianus*, al-

tra la *viri eloquentis oratio;* « la toga dell'oratore abbia una certa morbidezza, senza essere di seta », e i suoi capelli non siano intonsi, nè artificiosamente acconciati (cioè la giusta misura in tutto); i gusti del tempo vanno assecondati; non è bene mirare agli ornamenti con uno sfarzo eccessivo; è falsa l'opinione di coloro i quali credono che una è la maniera di parlare e un'altra quella di scrivere: è tutt'uno il parlar bene e lo scriver bene; agli ignoranti talora piacciono le cose difettose; bisogna scegliere il genere di elocuzione che meglio si presta ad istruire il giudice.

Poche parole intorno all'ultimo capitolo del libro XII, che è la conclusione dell'opera, conclusione un pochino triste in quanto riguarda la fine della c a r r i e r a dell'oratore. Non appena egli si accorge che le sue forze tendono ad affievolirsi, smetta senz'altro, anche per sottrarsi al pericolo di fare brutta figura, come accadde a Domizio Afro, deriso e compatito. Nel riposo attenderà ad altre occupazioni, di scrittore e di maestro, e potrà così essere ancora utile. A questo punto Quintiliano potrebbe congedarsi senza più dal lettore; ma egli sente il bisogno di parlare di sè e di ripetere di nuovo alcune delle cose già dette. Egli ha la coscienza di aver fatto del suo meglio, esponendo tutto ciò che sa in vantaggio degli studiosi. Molto, è vero, pretende dall'oratore, ma certo non più di quello di cui è capace la forza dell'ingegno umano e

la grandezza dei fini dell'eloquenza richiede.
L'essere *vir bonus*, che è ciò che più importa, dipende dalla volontà; e chi sarà animato
da questa volontà avrà anche quella di apprendere tutte le scienze necessarie all'oratore. Al difetto di tempo per l'acquisto della
cultura tecnica si può rimediare per mezzo
dell'ordine, del metodo e della misura. Ci ammaestri l'esempio dei grandi da Omero a Cicerone. Riuscire oratore perfetto è bensì oltremodo difficile, ma non è punto impossibile.
Del resto, quando pure non si arrivi all'ultimo grado della perfezione, « è onorevole il
fermarsi al secondo e anche al terzo ». È
innegabile che « un'eloquenza anche mediocre
produce grandi frutti », e ove si voglia tener
conto pur soltanto dell'utilità, « poco manca
che non pareggi l'eloquenza perfetta ».

VI.

Per rendersi ragione del valore dell'*Institutio* giova considerarla anche sotto l'aspetto
storico cioè in relazione alle condizioni dell'eloquenza romana nel primo secolo dell'impero.

La trasformazione della repubblica nel governo monarchico di Augusto e dei suoi successori aveva avuto per conseguenza necessaria e quasi immediata l'estinzione della vita
politica in tutte le sue molteplici manifesta-

zioni e specialmente in quella che si suole ri-
guardare come la più splendida, l'eloquenza.
Però, sebbene l'eloquenza venisse perdendo a
poco a poco la sua grande efficacia e cessas-
se ogni giorno più dall'adempiere la sua alta
missione, continuò ad essere il fondamento
della più profonda e vasta cultura del tempo;
anzi tutte le altre scienze allora conosciute venivano coltivate quasi unicamente perchè po-
tessero servire di sussidio all'eloquenza. Il concetto che dell'eloquenza in genere avevano gli
antichi è bene espresso da Quintiliano, sia pure come ammonimento agli oratori suoi contemporanei, in gran parte semplici professioni-
sti e, anche peggio, spudorati mestieranti, nella chiusa della sua opera (XII 11, 30): « è il miglior dono che gli dei immortali abbiano fatto all'uomo, e senza essa sarebbe muta ogni
cosa e non avrebbe modo di rivelarsi al presente e di passare alla posterità ». Dell'eloquenza romana in particolare dice Tacito nel
Dialogus (c. 5): « altra arte non si può imma-
ginare nella nostra città più utile, più digni-
tosa, più bella per la fama di Roma, più illu-
stre per la rinomanza di tutto l'impero e di
tutte le genti ». Eppure quanto erano tristi allora le sue condizioni! Tacito in principio
dello scritto citato ci apprende che « il nome
di oratore restava a mala pena; così erano
chiamati esclusivamente gli antichi; quelli del
suo tempo venivano detti causidici, avvocati,
patroni e tutt'altro fuorchè oratori ». Alla dif-

ferenza del nome corrispondevano le nuove attribuzioni, molto diverse da quelle che erano state proprie degli oratori di altre età. Ormai tutti gli affari di Stato si trattavano in Senato, ove talora sotto la presidenza dell'imperatore, che troppo spesso dava l'imbeccata, avevano luogo importantissimi processi sia contro pubblici magistrati, sia principalmente contro governatori di province accusati per lo più dai rappresentanti di queste di angherie e di soprusi. Perciò molto ristretto era il campo dell'esercizio dell'arte del dire in pubblico, e agli avvocati non rimanevano a trattare che cause per questioni private di eredità, di successioni testamentarie, di contratti commerciali, di dissensi di famiglia: questioni da cui esulava affatto la politica e che pertanto dovevano interessare ben poco un uditorio composto di persone appartenenti ad un popolo, il quale nell'epoca repubblicana aveva eletto liberamente nei tumultuosi comizi alle più alte cariche dello Stato uomini giudicati per varie ragioni benemeriti del bene pubblico, e poteva deporli e condannarli quando gli fosse sembrato opportuno. La vera eloquenza, che in un popolo libero è la forense, per vivere e prosperare ha bisogno assoluto di libertà, la più larga possibile; e allora la libertà era morta. Anche gli oratori antichi anteriori a Cicerone e quelli del suo tempo si erano scaltriti nella loro arte col sussidio della retorica, che allora era nota a pochi, e avevano potuto, pur trattando cause private, tener desta l'attenzione dell'uditorio e interessarlo, per mezzo di belli esordi, di vive esposizioni dei fatti, di stringenti argomentazioni, di perorazioni che commovevano profondamente. Ma nel primo secolo dell'impero la retorica aveva finito col diventare parte essenzialissima dell'istruzione e quindi nessuno più ne ignorava almeno i principii; donde la necessità per gli oratori, o diciam meglio avvocati, di ricorrere a mezzucci per ottenere che il giudice e il pubblico si degnassero di prestar orecchio alle loro parole. Avveniva non di rado che il giudice, bene spesso zotico e incolto, annoiato dagli artificiosi divagamenti dell'oratore lo invitasse a rimanere in argomento; e quando il pubblico esprimeva con applausi all'avvocato la sua approvazione, comandasse senz'altro ai littori di reprimere l'intempestiva dimostrazione: di un caso simile ci ha conservato memoria Svetonio (*De rhetoribus* 6), narrando di un processo criminale a Milano, giudice il proconsole L. Pisone, oratore C. Albucio Silo. Alla sua volta il pubblico non esitava ad arrogarsi il diritto di approvare e disapprovare con la stessa libertà e disinvoltura, e non ebbe punto riguardo a lasciar solo, dopo l'esordio, Crispo Passieno, « uomo eloquentissimo e il primo oratore del suo tempo », come lo designa Seneca il retore (*Controversiae* II 13, 17), che se ne intendeva, e a ritornare alla perorazione.

Questo spiega come alcuni avvocati si decidessero a condurre seco in tribunale parenti e amici che li applaudissero, e sull'esempio di Larcio Licino talora anche degli uditori pagati a ciò, una vera *claque*. E spiega inoltre come non offrendo più il foro occasioni troppo apprezzabili ad esercitare l'eloquenza, si creassero nella scuola e per la scuola cause immaginarie e s'imbastissero le cosidette declamazioni, ben diverse da quelle già in uso nel massimo fiorire dell'arte oratoria romana (in Grecia erano venute di moda, ad imitazione dei discorsi forensi, al tempo di Demetrio Falereo, con cui ebbe inizio la decadenza dell'eloquenza attica; l'analogia dei fatti ha pure un valore non trascurabile): allora erano ottima preparazione alle lotte forensi, nel primo secolo dell'impero discorse di ambiziosi e di sfaccendati.

È chiaro che tali essendo le condizioni dell'eloquenza, questa doveva per forza trasformarsi in modo da convenire più che fosse possibile ai nuovi uffici dell'oratore, da sodisfare meglio alle esigenze del pubblico, ed essere maggiormente consona al nuovo ordine di cose. Il primo oratore che avvertì la necessità di una simile trasformazione fu Cassio Severo, vissuto sotto Augusto e Tiberio; il cui merito principale consiste in ciò, che egli conobbe l'indole del suo tempo e seppe adoperarsi per conseguire il suo scopo così sagacemente, con tanto chiara visione della realtà e con tanto impegno da inspirare un nuovo e potente alito di vita nella morente eloquenza. È bensì vero che egli anzichè a rialzarne le sorti contribuì a renderle anche più miserabili: appunto a lui Quintiliano e Tacito fanno risalire l'origine della decadenza dell'arte oratoria; ma è del pari innegabile che questa, ove fosse mancata l'opera sua, si sarebbe in breve perduta. Con Cassio Severo, al quale come oratore non lesinano le lodi nè Quintiliano nè Seneca nè Tacito, si inizia un nuovo periodo nello svolgimento storico dell'eloquenza romana. Espressioni pure e proprie, armonica corrispondenza e struttura delle varie parti del discorso, chiara e precisa esposizione del fatto, il giusto *modus* in tutto pel riguardo dovuto alla *gravitas*, qualità ingenita nei Romani, non furono più, come prima, doti sufficenti di una buona orazione. Divennero necessari ornamenti d'ogni genere, e specialmente blandizie poetiche, perchè l'orazione giungesse più gradita agli orecchi degli uditori; invece di avvolgersi in lunghi e talvolta, come l'argomento poteva richiedere, complicati ragionamenti, essa doveva correre rapida e diritta al fine, cercando tutti i mezzi più adatti a commovere, se non a convincere, gli animi: quindi un affannoso incalzarsi di prove, di sentenze, di motti spiritosi, una lussuria rigogliosissima di descrizioni, una vera festa di fiori e di colori poetici. Nè questo bastava; bisognava che l'oratore fosse anche più impaziente degli astanti di terminare il suo discorso, per non annoiarli, come pareva allora avessero annoiato i Romani di altri tempi le lunghe, interminabili orazioni dei più grandi oratori antichi, non escluso nemmeno Cicerone, le quali anche appunto per ciò erano cadute in dimenticanza, e nessuno più di coloro che seguivano la nuova scuola, e meglio si chiamerebbe moda, si dava cura di leggerle. Sono notizie che apprendiamo in gran parte da Quintiliano e da Tacito, nel *Dialogus*, ai quali non c'è ragione di non prestar fede, tanto più data la consonanza tra le idee dell'uno e dell'altro scrittore intorno alle condizioni dell'eloquenza al loro tempo.

Naturalmente, anche lo stile oratorio subì una profonda trasformazione; sembrando goffaggine e scipitezza la semplicità e il fare naturale degli oratori precedenti si cercò di parlare grandiosamente e si cadde troppo spesso nell'ampollosità e nella gonfiezza. Tuttavia è forza riconoscere che si venne formando uno stile più libero e più vigoroso, quantunque talora fosse guasto dal manierismo e dall'affettazione, qualità comuni non solo alla letteratura, ma a tutta quanta la vita del tempo, e ancora più dall'essersi introdotte anche nel linguaggio prosastico moltissime parole e dizioni e costrutti greci, che pure avrebbero conferito ad una maggiore scioltezza e vibratezza, ove non se ne fosse abusato, come si fece dai men buoni, sempre proclivi all'esagerazione.

Contro codesto andazzo, che i lodatori del passato chiamavano corruzione del gusto, reagirono appunto costoro e soprattutto Quintiliano, che possiamo considerare come il loro più insigne, e fu a ogni modo il più noto rappresentante. Egli credette che il nuovo indirizzo dell'eloquenza fosse difettoso, si avvide che le false dottrine e il malo esempio dei troppo audaci novatori avrebbero recato gravi danni alla gioventù, a lui, maestro, tanto cara, che per conseguenza una vigorosa opposizione era addirittura indispensabile; e procurò di farla con quanta maggiore energia gli fu possibile. Dell'opposizione è testimonianza vivente per noi tutta la *Institutio*, che non lascia dubbi sul modo di pensare del suo autore e sul vero scopo che egli si propose nel comporla, quello cioè, è d'uopo ripetere, della compiuta educazione del perfetto oratore; e perfetto è l'oratore solo in quanto sia veramente onesto e buon cittadino. Come abbia provveduto a raggiungerlo dimostrano la materia e lo spirito dell'opera, di cui si è discorso fin qui; ma c'è altro da dire.

VII.

La rassegna degli scrittori romani nel primo capitolo del libro X si chiude col giudizio intorno a Seneca, che è necessario recare quasi per intero: « Di Seneca a bella posta ho

differito di parlare... grazie all'opinione che
a torto è stata messa in giro sul mio conto,
essendosi detto ch'io lo disapprovo e anche
lo vedo di mal occhio. Il che mi accadde,
mentre cerco di richiamare lo
stile corrotto e depravato da
ogni vizio a un gusto più severo; poi erano nelle mani dei giovani
quasi esclusivamente le opere di questo scrittore... E lo amavano più che non l'imitassero, e
degeneravano da lui tanto quant'egli era
decaduto dagli antichi... Piace-
va per i difetti soltanto, e ognuno si volgeva a
ritrarre quelli che poteva... Egli ebbe del resto molti e notevoli pregi: ingegno facile e largamente colto, molto studio, ampia conoscenza della materia... Nelle sue opere sono... molte parti eziandio degne di essere lette dal
punto di vista morale; ma dello stile il più
è corrotto, e molto dannoso perchè vi abbondano difetti seducenti. Si potrebbe desiderare ch'egli avesse scritto con l'ingegno suo, ma
col gusto d'altri: se non avesse di-
sprezzato infatti i modelli antichi, se non avesse mirato a un ideale
poco buono, se non avesse piegato interamen-
te alle sue tendenze, se non avesse sciupato il
sugo dei pensieri in troppo minute sentenze,
gli verrebbe lode dal pieno consenso de' dotti
piuttosto che dall'ammirazione dei fanciulli.
Però anche così dovrà leggersi da coloro che
sono già adulti e saldamente formati con uno

stile più corretto... Molte parti sono in lui degne di lode, e molte degne ancora d'ammirazione, purchè si badi a scegliere, il che sarebbe desiderabile avesse fatto egli stesso. Era quel suo ingegno invero degno di aspirare a un miglior ideale... ». Come si vede, il giudizio e i biasimi di Quintiliano riguardano Seneca più specialmente quale stilista pericoloso e degenere dai modelli antichi; ma sta il fatto che il nuovo stile viveva allora di vita fiorente e teneva quasi esso solo il campo e, come fu ben detto da C. Marchesi, « culminava » proprio « in quell'affascinante prosa di Seneca, dove i caratteri dell'asianismo o del modernismo retorico erano superati dalla spiritualità presente dello scrittore ». Era lo stile che il tempo e le mutate condizioni politiche e, per riflesso, di tutta la vita culturale richiedevano, anzi, si può ben dire, imponevano; e anche coloro che per, forse soverchio, amore dell'antichità maggiormente lo avversavano, dovettero pur finire coll'acconciarvisi o, se non altro, essere meno intransigenti; a ritroso della corrente non è possibile navigare a lungo. Minori restrizioni saranno da fare al biasimo che Quintiliano muove a Seneca pel suo disprezzo dei modelli antichi, sebbene la storia ammonisca che ogni età ha la propria arte, e a questa legge non può sottrarsi l'eloquenza, e tanto meno poteva sottrarsi allora. Naturalmente, il più insigne modello antico era per Quintiliano, e senza dubbio

non soltanto per lui, Cicerone, nè del resto
sarebbe stato facile trovare altro scrittore da
contrapporre a Seneca; come Seneca domina-
va per più rispetti nell'età imperiale, così Cicerone aveva dominato per tutti nell'età repubblicana. Abbiamo veduto che nel primo
capitolo del libro XII Quintiliano scagiona
Cicerone dalle colpe, e sarebbero state colpe
morali e politiche, che gli attribuivano i suoi
accaniti nemici; ciò riguardava direttamente
il *vir bonus*. Di lui come *dicendi peritus* parla in più luoghi del medesimo libro: fu insu-
perabile come trattatista dello stile; attinse
quasi il fastigio della perfezione nell'eloquenza, certo più di ogni altro, e qualche cosa gli
si può ancora togliere (da intendere: presenta difetti di sovrabbondanza; di quella giovanile però seppe correggersi, ammette Quintiliano), ma non aggiungere; nel trattare cause
diede prova di conoscere la scienza del giu-
re; possiede in grado eminentissimo tutti i
rispettivi pregi degli altri oratori. E tutto ciò,
benchè sia molto, è ben poco di fronte al ma-
gnifico e addirittura entusiastico elogio che
di Cicerone come oratore fa Quintiliano nel
libro X (1, 108-112): «...mi pare che M. Tullio... abbia ritratto la forza di Demostene, la
copia di Platone e la piacevolezza d'Isocrate.
Però non soltanto ha conseguito con lo studio ciò che di meglio si trovava in ciascuno
di essi, ma molti pregi, o piuttosto tutti, li ha
tratti direttamente da sè con la fecondissima

ricchezza del suo genio immortale. Infatti ' non raccoglie ', come dice Pindaro, ' acqua piovana, ma con viva onda impetuosa trabocca ', e fu generato per un cotal dono provvidenziale, affinchè l'eloquenza facesse valere in lui tutte le sue forze. Chi infatti potrebbe ammaestrare con più accortezza di lui, chi commuovere con più ardore? Chi mai ebbe così grande piacevolezza? Di tal guisa che anche ciò, ch'egli strappa, si crederebbe che l'ottenga pregando, e quando con la sua forza spinge i giudici fuori dalla vera strada, si direbbe non già che sieno trascinati, ma che gli tengon dietro naturalmente. Già tutto ciò ch'egli dice ha autorità così grande, che non si osa essere d'altro avviso, e non reca con sè lo sforzo d'un causidico, ma la credibilità d'un teste o d'un giudice; mentre tutti questi pregi, di cui altri con attenzione indefessa saprebbe appena raggiungere un solo, lussureggiano spontaneamente, e quella sua eloquenza, la più bella che siasi mai udita, mostra tuttavia una felicissima facilità. Il perchè giustamente fu detto dai contemporanei il re del foro, e dai posteri gli toccò che la parola Cicerone venisse a significare non la persona, ma l'eloquenza. A lui dunque rivolgiamo i nostri sguardi, lui proponiamoci a modello, e sappia d'aver profittato quegli, al quale Cicerone piacerà grandemente ». Altro che i difetti che avevano scoperto in lui i suoi emuli invidiosi! gonfiezza, verbosità, mollezza nel periodare, povertà d'idee e di parole. Tuttavia Quintiliano non si lascia accecare talmente dal suo amore *Immodico*, come lo designa egli stesso, per Cicerone, da credere che sia il solo e unico oratore degno d'essere proposto per modello in tutto e per tutto; e a questo riguardo è bene rammentare ciò che egli dice parlando di Demostene (X 2, 24): « quando pure uno sia da imitare sopra tutti, non è da imitare esclusivamente ». Le quali parole stanno a dimostrare, se ce ne fosse bisogno, quanto sia il buon senso di Quintiliano e quanto imparziale e temperata la sua critica. Nessuno nè prima nè dopo di lui difese con tanto zelo e con tanta costanza le gloriose tradizioni dell'eloquenza romana, e sebbene l'opera sua non abbia giovato a nulla, ciò nondimeno egli ha diritto alla nostra ammirazione e al nostro plauso, perchè in un'età, nella quale il dispotismo aveva costretto tutti all'ipocrisia, egli, uomo d'indole retta, osò manifestare apertamente e senza esitazioni la propria opinione. L'opera sua, per quanto meritoria e coraggiosa, non ha giovato a nulla, perchè la forza delle cose è fatalmente sempre superiore alla volontà degli uomini, e inoltre nessuno mai può riuscire, checchè faccia, a straniarsi — *sit venia verbo* — in tutto dal suo tempo. Quintiliano che tanto raccomandava la lettura e l'imitazione dei classici, che inneggiava addirittura a Cicerone, e così severamente inveiva contro le leziosaggini e le lascivie dello

stile dei suoi contemporanei, non seppe, anzi
non potè sottrarsi all'influenza della sua età;
e mentre si sforza di far credere che vive i-
dealmente cogli uomini di un secolo prima,
in realtà è quasi sempre l'uomo appunto dei
suoi tempi, e così nel lessico come nello stile
mostra palesemente anche lui i caratteri di
questi. Talora egli cerca di conformare il periodo sull'esempio di Cicerone e di Livio, ma
bene spesso si dà poca cura della giusta collocazione e connessione delle proposizioni, a
cui tanto tenevano gli scrittori della età d'oro
della letteratura romana; adopera con grande libertà casi e preposizioni; usa non di rado
ellissi nominali e verbali, costrutti *ad sen-
sum*, e benchè parcamente, e a ogni modo meno di altri scrittori d'allora, parole che nei
classici non ricorrono o hanno altro significato; si studia d'infiorare più che può con ornamenti poetici e retorici il suo discorso, so-
vrabbonda in similitudini alcune forse *longius
petitae*, ma il più delle volte molto felici,
e fa, come tutti i suoi contemporanei, un grande sfoggio di sentenze.

Bene è stato osservato che l'architettura
dell'*Institutio* è mirabile; e l'opera è quanto
mai equilibrata così nell'insieme come nei
minimi particolari, e fondata sopra una conoscenza sicura e inappuntabile delle teoriche
esistenti su ciascuna speciale questione. Naturalmente, è soprattutto empirica, ma senza

la pedanteria e l'aridità tecnica dei trattati di tempi posteriori, e rivela un vivo senso della realtà, che ne costituisce la caratteristica principale. La trattazione, oltrechè più completa, è anche più sistematica che nelle opere retoriche di Cicerone, ma, e si capisce, assai meno geniale; il grande oratore era un artista della parola scritta e parlata. Non mancano difetti: alcuni, come talora una certa superficialità e frequenti ripetizioni, già furono rilevati; altri consistono in un certo disordine facilmente avvertibile nella composizione dell'ultimo libro. Giova però non dimenticare mai che Quintiliano non potè rivedere l'opera, come egli desiderava, prima della pubblicazione, e ciò vale a spiegarne le mende, che del resto non sono nè numerose nè gravi. È inutile aggiungere che non gli va dato alcun biasimo per le speciali qualità della lingua, della sintassi e dello stile; erano dell'età che fu sua, e non sue, e il non tenerne conto sarebbe stata una forma di affettazione, che Quintiliano si sarebbe ben guardato dal permettersi.

VIII.

Già fin dai suoi contemporanei Quintiliano era stato considerato come il tipo del perfetto pedagogo, quale appunto lo proclama Marziale in un verso più tardi assai spesso ripetuto da autori medievali e del Rinascimento e da copisti di manoscritti: *Quintiliane, vagae moderator summe iuventae* (II 90, 1). La traccia da lui lasciata nella storia dell'istruzione — la sua nomina a pubblico professore ne è addirittura una pietra miliare — non si cancellò più, come pure non si spense mai la sua fama.

Menzioni di Quintiliano e citazioni si trovano in tutta la tradizione letteraria bassolatina e medievale, fino al primo secolo dell'Umanesimo e oltre, ininterrottamente. Trebellio Pollione, uno degli *Scriptores historiae Augustae*, del III secolo d. C., e Lattanzio Firmiano (secolo III-IV), autore delle *Divinae Institutiones*, parlano delle *Declamationes*, a lui falsamente attribuite, ma allora ritenute opera sua. Quale autore delle medesime lo conosce parimenti Ennodio (473?-521), vescovo di Pavia, anzi toglie l'argomento della sua *dictio* XXI dalla V declamazione maggiore. Il poeta Decimo Magno Ausonio (310-395?), che fu professore di grammatica e di eloquenza nella nativa Bordeaux, lo ricorda in più luoghi nella pienezza della sua figura di marito e padre, di maestro, di retore, di grammatico, dimostrando così di aver letto tutta la *Institutio*, e di autore delle *Declamationes*. L'opera retorica era nota anche a S. Ilario di Poitiers (morto nel 367), che imitò quanto più potè nel suo *De Trinitate*, in dodici libri, appunto come l'*Institutio*, lo stile di Quintiliano; e nota era a Rufino (360-410), rinomato storiografo e agiografo, e al suo ben più famoso condiscepolo S. Girolamo (342?-420). In un'epistola di questo, *De institutione filiae* o *puerorum*, è messo in rilievo il carattere di Quintiliano di educatore, che egli perde nella rimanente tradizione letteraria bassolatina e, per lungo tempo, del medio evo, nella quale è invece presentato ora come oratore, con riferimento soprattutto alle *Declamationes*, ora come grammatico, ora come retore cioè scrittore di retorica. Come oratore comparisce in Apollinare Sidonio (430?-488?), poeta ed epistolografo, che ne loda anche l'*acrimonia*. I *Grammatici latini* della grande raccolta del Keil hanno addirittura saccheggiato l'*Institutio*, tantochè sarebbe superfluo fare nomi. Quale scrittore di retorica lo celebra Cassiodoro (468?-562?), che dice di aver fatto rilegare in un volume, per maggior comodità di uso, l'*Institutio* e due libri di arte retorica di Cicerone. Il retore Giulio Vittore, del principio del secolo V, nella sua *Ars rhetorica* ha trascritto senz'altro numerosissimi luoghi di tutta l'*Institutio*, eccettuati i libri VI e X; e Isidoro di Siviglia (570-636) nel II libro delle sue *Origines* la riassume molto in breve. Dei *Rhetores latini minores* della copiosa raccolta di C. Halm, di cui non pochi anonimi, va detto lo stesso che dei *Grammatici latini* del Keil.

È noto che non v'è quasi nessun scrittore del medioevo, il quale parlando dei classici

latini non cada in errori più che curiosi, ri-
dicoli. Chi crede che Svetonio e Tranquillo
siano stati due persone distinte, e medesimamente Tullio e Cicerone, Virgilio e Marone;
chi, con allegra disinvoltura, chiama Plauto
rhetor et doctor, e chi fa di Cicerone un generale. Nemmeno Quintiliano si salva e anche
in ciò è da associare a Cicerone; Fredegario
(secolo VII) nella sua *Chronica* lo gabella per
Magister militum, cioè generale in capo: er-
rore prodotto evidentemente dalla lettura ba-
lorda di M abbreviazione solita di *Marcus;*
il *militum* ce lo aggiunse lui, avendo appreso
da S. Girolamo, come questi da Svetonio, che
Favios Quintilianus era stato condotto a Roma da un imperatore, Galba.

In Lupo di Ferrières (805?-862) Quintiliano è l'autore della *Institutio* (di cui il celebre
abate, uno degli uomini più colti del suo tempo, chiede un esemplare a papa Benedetto III
e se ne fa mandare un altro dall'Inghilterra,
per correggere quello che già possedeva); e
quindi si presenta ancora, come quattro secoli prima, nella sua interezza. All'incontro
nel medesimo secolo IX Alvaro di Cordova,
l'autore dell'*Indiculus luminosus* dell'854, lo
conosce, o almeno lo menziona soltanto qualc
oratore, insieme con Demostene e Cicerone.
In pieno medio evo Quintiliano è ricordato
nuovamente come educatore: nel codice am-
brosiano E 153 sup. della *Institutio* (*Ambrosianus I*), scritto sulla fine del secolo X o in

principio del XI, in fondo, f. 171 ᵛ, si leggono
le parole, certamente coeve al codice stesso:
liber Quintiliani de eruditione puerorum,
messe lì quasi a riassumere il contenuto del-
l'opera intiera. Nel secolo XI egli è invece
nominato senz'altra determinazione da Ben-
zone, vescovo di Alba, nel *Panegyricus ritmi-
cus* del 1061 circa. Nel secolo XII la sua figura riprende i vari aspetti della tradizione
letteraria bassolatina: oratore e causidico (ciò
dipende di nuovo dal fatto che, come prece-
dentemente, nei secoli XII-XIV erano molto
conosciute le *Declamationes* o, secondochè si
chiamavano allora e nel secolo seguente, *cau-
sae*) nell'*Anticlaudianus* di Alano de Insulis;
grammatico, scrittore di retorica e causidico
nel *Metalogicus* e nel *Policraticus* di Giovan-
ni di Salisbury; soprattutto grammatico nelle
epistole di Pietro di Blois; pedagogo e maestro di retorica in una lettera del 1149 di Wi-
baldo di Stablo. Molto più c'è da dire della
fortuna di lui nel secolo XIII, ma lo spazio
stringe e il tempo incalza. Poche notizie, le
più importanti: Vincenzo Bellovacense, che
nello *Speculum doctrinale* discorrendo della
retorica propriamente detta cita Quintiliano
appena due volte, in altri luoghi di questa sua
grande enciclopedia inserisce moltissimi pas-
si della *Institutio* relativi a cose retoriche, ai
quali egli dà un significato morale. Non altri-
menti, col medesimo intento, fra Bartolomeo
da S. Concordio nei suoi *Ammaestramenti de-*

gli antichi, raccoglie più luoghi dell'opera quintilianea. Quintiliano diventa così, secondo una tendenza prevalentemente medievale rispetto alla maggior parte degli antichi scrittori latini, un moralista, come ci si mostra anche nello *Speculum historiale* dello stesso Vincenzo Bellovacense, dove troviamo varie sentenze scelte dalla *Institutio* e dalle *Declamationes,* e presentate come *flosculi morales.* Allora moralista e filosofo, cioè f i l o s a f o, si identificavano, ed ecco Quintiliano diventare filosofo anche lui, quale appunto comparisce nel libro *Fiori e vita di filosafi ed altri savii ed imperatori.* Ancora Vincenzo Bellovacense, massimo rappresentante della cultura della sua età: in parecchi libri dello *Speculum doctrinale* e con maggior frequenza nel *Tractatus de eruditione filiorum regalium* invoca l'autorità di Quintiliano considerato come pedagogista, citando quasi esclusivamente lui solo sia che tocchi di educazione domestica sia di quella della scuola.

Massimo profitto pel suo libro sull'arte pedagogica, *De ingenuis moribus et liberalibus studiis,* composto negli ultimi anni del secolo XIV, trasse dalla *Institutio* Pier Paolo Vergerio, il primo vero riformatore della scienza dell'educazione, sul cui rinnovamento influirono, com'è noto, fra gli antichi, in modo più diretto, Plutarco, S. Basilio e in ben maggiori proporzioni Quintiliano, particolarmente dopo la duplice scoperta del Poggio del

1416 e del 1417 o 1418 di due manoscritti completi dell'opera, della quale prima d'allora non si possedevano in Italia che copie mutile e scorrette, fatta eccezione di una, avuta dalla Francia da Andreolo Arese, amico del Salutati, verso il 1396. Mutilo era il testo di Quintiliano usato nel medio evo, almeno nelle copie che ne andavano attorno dal secolo X in Francia, in Italia, nella Spagna; però in Francia l'*Institutio* integra era conosciuta, come risulta dall'epistolario di Nicola da Clémangis, già nel 1396 circa. Del gran conto in cui anche molto prima della scoperta del Poggio era tenuta l'opera di Quintiliano in Italia dai dotti più insigni abbondano le testimonianze nel Petrarca (il quale, come il Filelfo un secolo dopo, giudica severamente le *Declamationes*), nel Boccaccio, nel Salutati; naturalmente per loro egli era soprattutto il classico, non soltanto l'educatore, e quindi uno dei maggiori esponenti della civiltà e della cultura romana. Col Boccaccio e vari poeti romani Quintiliano figura come uno dei personaggi di un Mistero francese, in cui l'imperatore Tiberio tiene consiglio sulla questione della divinità di Gesù Cristo.

Sull'esempio appunto del Petrarca gli umanisti fecero oggetto dei loro studi l'*Institutio* e anche, sebbene alquanto meno, le *Declamationes*. Lorenzo Valla sopra tutti, e col Valla Gasparino Barzizza, Leonardo Bruni, il Niccoli, l'Aurispa, il Traversari, Guarino Veronese, il Panormita, il Filelfo, Mafeo Vegio, Enea Silvio Piccolomini, poi papa Pio II, il Poliziano e altri molti, a venir giù fino al Mureto (secolo XVI), credettero, si può affermare, addirittura indispensabile per la conoscenza dell'antichità classica il libro del retore di Calahorra. Con vera passione essi attesero prima, quando non lo possedevano che in parte, a completarlo, poi a trascriverlo, a correggerlo, a commentarlo, a diffonderlo; e lo pigliarono ora come modello, più spesso come guida, e riconoscendogli un'autorità quasi indiscutibile se ne valsero come di arma potentissima nelle loro controversie letterarie, ne trassero profitto in tutti i modi; talchè non è esagerazione asserire che nell'età della Rinascenza Quintiliano risuscitò a una seconda vita molto più gloriosa dell'antica. Nè solamente i principali e più noti rappresentanti dell'Umanesimo si resero benemeriti di lui; se ne occuparono con amore non meno intenso anche i minori, fra' quali basti far cenno di Matteo Palmieri e di Francesco Patrizi senese, vescovo di Gaeta. Questo, oltre ad essersi servito della *Institutio* in altre sue opere, ne compose un'epitome, che è l'unica completa di cui abbiamo conoscenza fra le varie che ne furono fatte dal secolo XII al XVI (il *compendium* di Étienne de Rouen, del XII; i *Flores Quintilianei*, raccolta di estratti, del XIII; e l'*Epitome* di Jonas Philologus cioè Gonthier d'Andernach del XVI). Il Palmieri attinse largamente alla *Institutio* nel mettere insieme il primo libro della sua *Vita civile*, del quale l'opera di Quintiliano è la fonte più immediata e più diretta, per la parte pedagogica. Siamo così ricondotti a Quintiliano come scrittore di pedagogia; e occorre aggiungere che come tale egli ebbe, se è lecito dire, il suo secolo d'oro nel Quattrocento.

Fra le opere degli umanisti sull'educazione, sia quelle in cui l'argomento è svolto ampiamente e sistematicamente, come nel *De educatione liberorum et eorum claris moribus* di Mafeo Vegio, sia quelle dove la trattazione è contenuta entro limiti molto modesti, per esempio nella lettera del Filelfo a Matteo Triviano, e quelle che hanno per oggetto l'educazione de' principi in ispecie, quali essa lettera e lo scritto di Enea Silvio Piccolomini *De liberorum educatione ad Ladislaum Hungariae et Bohemiae regem*, e altre, volgari, d'indirizzo meno spiccatamente pedagogico, che alle dottrine educative consacrano solo una parte — cito il trattato notissimo di Leon Battista Alberti sulla famiglia — fra tutte queste opere, e sono in buon numero, non ve n'è alcuna, i cui autori abbiano creduto di poter esimersi dal ricorrere a Quintiliano. Passando dal campo teoretico al campo pratico è quasi superfluo pur accennare, dopo il molto che ne fu scritto, a Vittorino da Feltre, e al suo sistema di educazione, tutto informato a Quintiliano, i cui precetti non furono

forse mai applicati così integralmente e co-
scienziosamente. Da ultimo non è inutile ricordare che gli stessi copisti e gli illustratori
dei codici della *Institutio* del secolo XV ci tenevano a mettere in rilievo questa nota caratteristica nella figura di Quintiliano dell'e-
ducatore e del maestro. Nel codice ambrosia-
no B 153 sup. (*Ambrosianus III*) sul frontespi-
zio è riprodotto della stessa mano di tutto il
volume e inquadrato in un rettangolo a colo-
re con altri versi quello di Marziale citato sc-
pra. Nel codice *Calabricus I* della Biblioteca
dell'Università di Valenza la lettera capitale
F di Fabius a carta 2ʳ è formata da una mi-
niatura rappresentante una scuola sotto un
portico, dove si vede Quintiliano in cattedra
nell'atto di far lezione a tre scolari seduti di
fronte a lui. Nello stesso secolo furono pub-
blicate ben dodici edizioni della *Institutio*:
l'*editio princeps* di G. A. Campani, Roma, è
del 1470; nel secolo seguente ne vennero a
luce più di ottanta, prova della larga diffu-
sione dell'opera.

Anche le arti figurative del Rinascimento
attestano della fama di Quintiliano: egli fu
rappresentato, nel 1474, nel coro della catte-
drale di Ulma con altri sei autori, romani e
greci, di fronte a sette Sibille.

———

BIBLIOGRAFIA

Edizioni *a)* di tutta la *Institutio oratoria:*
    di E. Bonnell. — Leipzig, 1854 (stereotipa).
    di C. Halm. — Leipzig, 1868-69.
    di F. Meister. — Leipzig-Prag, 1886-87.
    di H. E. Butler. — London, 1921-22.
        b) dei primi sei libri:
    di L. Radermacher. — Leipzig, 1907.
Tutte (meno quella inglese, con traduzione) con note
    critiche o con ' apparato ' critico.
Edizioni commentate di singoli libri:
    libro I: di Ch. Fierville. — Paris, 1890.
      »   II: di G. Ammendola. — Torino, 1928.
      »   X: di F. Zambaldi. — Firenze, 1883.
          di J. A. Hild. — Paris, 1885.
          di G. T. A. Krüger. — Leipzig, 1888³
            (G. Krüger).
          di W. Peterson. — Oxford, 1891.
          di L. Valmaggi. — Torino, 1902.
          di E. Bonnell. — Berlin, 1912⁶ (H.
            Röhl).
          di Arnaldo Beltrami. — Bologna, 1914.
          di D. Bassi. — Torino, 1920³.
          di F. Calonghi. — Milano, 1923².
      » X e XII: di H. S. Frieze. — New York, 1888².
      » XII: di Achille Beltrami. — Roma, 1910.
Lessico: di E. Bonnell. — Leipzig, 1834.

Traduzioni italiane di tutta l'opera: di O. Tosca-
NELLA. — Venezia, 1566; — di un anonimo. — Fi-
renze, 1734; — di J. GARIGLIO. — Vercelli, 1780-81;
Milano, 1837; Venezia 1858 (è la meno difettosa,
ma lascia moltissimo a desiderare); del libro X:
di L. VALMAGGI. — Torino, 1892 (eccellente; da
essa sono tolti i luoghi da me riportati).

| Edizioni critiche delle *Declamationes:* le XIX mag-
giori: di G. LEHNERT; le CXLV minori: di C.
RITTER. — Leipzig, rispettivamente 1905 e 1884 |.

Lavori speciali notevoli, elencati secondo l'ordine
della trattazione:

G. F. GAMURRINI, *Della patria di Quintiliano* in *Ren-
diconti d. R. Accademia dei Lincei. Classe di scienze
morali, storiche e filologiche.* Ser. V, vol. XIII. 1904.
pp. 77-83.

R. SABBADINI, *Storia e critica di testi latini:* VII: *Quintiliano.* — Catania, 1914.

C. BARBAGALLO, *Lo Stato e l'istruzione pubblica nel-
l'impero romano,* pp. 93 segg. — Catania, 1911.

TH. FROMENT, *Quintilien avocat* in *Annales de la Fa-
culté des lettres de Bordeaux.* 1880. II, pp. 224-240.

F. VOLLMER, *Die Abfassungszeit der Schriften Quintilians*
in *Rheinisches Museum.* XLVI. 1891, pp. 343 segg.

A. REUTER, *De Quintiliani libro qui fuit de causis corruptae eloquentiae.* — Vratislaviae, 1887.

E. GRUENWALD, *Quae ratio intercedere videatur inter
Quintiliani Institutionem oratoriam et Taciti Dia-
logum.* — Berolini, 1883.

| R. REITZENSTEIN, *Studien zu Quintilians grösseren De-
klamationen.* — Strassburg, 1909.

A. TRABANDT, *De minoribus quae sub nomine Quintiliani
feruntur declamationibus.* — Greifswalde, 1883 |.

J. LOTH, *Die pädagogische Gedanken der Institutio oratoria Quintilians.* — Leipzig, 1898.

M. Lenc. De Gubernatis, *De educandi arte apud Quintilianum*. — Pinorolii, 1908.

Ch. E. Bennett, *An ancient schoolmaster's message to present-day teachers* in *Transactions and Proceedings of the American philological Association*. XXXIX. 1908, pp. XV-XIX e in *The classical Journal*. IV. 1908-9, pp. 149-164.

A. Appel, *Das Bildungs-und Erziehungsideal Quintilians nach der Institutio oratoria*. — (Donauwörth, 1914), Leipzig, 1915.

Aubrey Gwynn, *Roman education from Cicero to Quintilian*. — Oxford, 1926.

I. Negro, *La grammatica in M. Fabio Quintiliano e le sue fonti*. — Città di Castello, 1914.

A. Aldini, *Delle Istituzioni oratorie, e dei giudizi letterarî sui poeti latini, di M. Fabio Quintiliano*. — Livorno, 1885.

Ch. N. Cole, *Quintilian's quotations from the Latin poets* in *The Classical Review*. XX. 1906, pp. 47-51.

G. Hettegger, *Qua ratione M. Fabius Quintilianus in Institutione oratoria laudaverit scriptores*. — Salzburg, 1908.

Herm. Usener, *Dionysii Halicarn. librorum de imitatione* | di cui faceva parte il *Giudizio degli antichi* | *reliquiae epistulaeque criticae duae*. — Bonnae, 1889.

W. Heydenreich, *De Quintiliani Institutionis oratoriae libro X, de Dionysii Halicarn. De imitatione libro II, de canone, qui dicitur, Alexandrino quaestiones*. — Erlangen, 1900.

L. Bucciarelli, *Quintiliano adulatore* in *Rivista di Filologia classica*. XXXIV. 1906, pp. 321-332.

A. Balsamo, *Quintiliano adulatore*. ib. XXXV. 1907, pp. 498-499.

C. Bione, *I più antichi trattati d'arte retorica in lingua latina...* — Pisa, 1909.

F. MEISTER, *Quaestiones Quintilianeae* | su le fonti della *Institutio* |. — Liegnitz, 1860.

P. TEICHERT, *De fontibus Quintiliani rhetoricis.* — Königsberg, 1884.

L. RADERMACHER, *Eine Schrift über den Redner als Quelle Ciceros und Quintilians* in *Rheinisches Museum.* N. F. LIV. 1899, pp. 285-292.

F. SEHLMEYER, *Beziehungen zwischen Quintilians 'Institutiones oratoriae' und Ciceros rhetorischen Schriften.* — Münster, 1912.

E. CHINEA, *Cultura e metodo, dall' oggettivismo antico all' attualismo moderno: Quintiliano, Sant' Agostino,...* — Bologna, 1926.

ACHILLE BELTRAMI, *La composizione del libro duodecimo di Quintiliano* in *Studi italiani di Filologia classica.* XIX. 1912, pp. 63-72.

G. CURCIO, *Le opere retoriche di M. Tullio Cicerone.* — Acireale, 1900.

E. NORDEN, *Die antike Kunstprosa.* I. — Leipzig, 1909².

U. v. WILAMOWITZ-MOELLENDORFF, *Asianismus und Atticismus* in *Hermes.* XXXV. 1900, pp. 1-52.

C. MARCHESI, *De Quintiliano Ciceronis laudatore* in *Classici e Neolatini.* VII. 1911, pp. 262-272.

E. G. SIHLER, *Quintilian of Calagurris* in *The American Journal of Philology.* XLI. 1920, 3, pp. 205-222.

J. BÖRNER, *De Quintiliani Institutionis oratoriae dispositione.* — Leipzig, 1911.

D. BASSI, *Il primo libro della ' Vita civile ' di Matteo Palmieri e l' ' Institutio oratoria ' di Quintiliano* in *Giornale storico della Letteratura italiana.* XXIII. 1894, pp. 182-207. — *L'epitome di Quintiliano di Francesco Patrizi senese* in *Rivista di Filologia classica.* XXII. 1894, pp. 385-470.

www.ingramcontent.com/pod-product-compliance
Lightning Source LLC
LaVergne TN
LVHW031436170726
843492LV00010B/3024